novum premium

AF165390

Oliver Steinmetz

HAIFISCHBECKEN MALLORCA

Bist du Unternehmer oder Unterlasser?

novum premium

Bibliografische Information
der Deutschen Nationalbibliothek:

Die Deutsche Nationalbibliothek
verzeichnet diese Publikation in
der Deutschen Nationalbibliografie.
Detaillierte bibliografische Daten
sind im Internet über
http://www.d-nb.de abrufbar.

Alle Rechte der Verbreitung,
auch durch Film, Funk und Fernsehen,
fotomechanische Wiedergabe,
Tonträger, elektronische Datenträger
und auszugsweisen Nachdruck,
sind vorbehalten.

Gedruckt in der Europäischen Union
auf umweltfreundlichem, chlor- und
säurefrei gebleichtem Papier.

© 2023 novum Verlag

ISBN 978-3-99130-336-7
Lektorat: Mag. Eva Reisinger
Umschlagfotos: Saisamorn Pasak,
Rbiedermann, Alena Ohneva,
Willyambradberry | Dreamstime.com
Umschlaggestaltung, Layout & Satz:
novum Verlag

www.novumverlag.com

Inhaltsverzeichnis

Vorwort 7

Kapitel 1
*Ist Verkauf lernbar und was ist das Geheimnis
zu mehr Erfolg im Immobilienverkauf?* 11

Kapitel 2
Meine ersten Schritte auf Mallorca 41

Kapitel 3
Bin ich hier eigentlich im Irrenhaus? 61

Kapitel 4
*Schön auf die Fresse gefallen –
Die erste Selbstständigkeit* 77

Kapitel 5
*Back to the roots:
Vom Sales Agent zum Sales Manager* 90

Kapitel 6
*Vom klassischen Immobilienverkauf
hin zur Immobilienplattform* 106

Kapitel 7
Nutze dein Netzwerk! 117

Vorwort

„Ihr schließt doch einfach nur eine Haustür auf und kassiert dafür eine fette Provision"

Viele Außenstehende denken tatsächlich, dass dies die tägliche Realität eines Immobilienmaklers auf Mallorca sei.

Aber stimmt das eigentlich?

Ich kann mit ruhigem Gewissen sagen: Bullshit!

Mit dieser Lektüre wird euch lieben Lesern und Leserinnen vor Augen geführt, dass es sehr viel mehr bedarf, um erfolgreich auf dem mallorquinischen Immobilienmarkt tätig zu sein, als nur die Fähigkeit zu haben, einen Schlüssel umzudrehen und eine Tür zu öffnen.

Mein Buch zeigt dir, worauf es ankommt, um überdurchschnittlich erfolgreich im gehobenen Immobiliensegment auf Mallorca zu performen.

Ich möchte keineswegs behaupten, dass meine Tipps und meine Ansichten der Heilige Gral sind, aber was euch in diesem Buch erwartet, hat bei mir sehr gut funktioniert. Bist du also am Immobilienverkauf interessiert und möchtest wissen, was der Schlüssel zu mehr Erfolg ist? Dann herzlich willkommen an Bord!

Für diejenigen, die nicht bereit sind, über ihren eigenen Schatten zu springen, überdurchschnittlich zu performen und die keine

Lust haben, ihre Komfortzone zu verlassen, ist dieses Buch absolut nichts. Bitte hört auf, es zu lesen, und legt euch wieder hin!

Solltest du zu den Lesern zählen, die es lediglich interessiert, was bei uns im Immobiliengeschäft alles abgeht, dann wirst auch du mit diesem Buch ebenso voll und ganz auf deine Kosten kommen. Ich möchte nichts vorwegnehmen, aber es wird kurios.

Seit über einer Dekade verkaufe ich Immobilien auf Mallorca und habe mich durch meine Verkaufsresultate zu einem herausragenden Vertriebler entwickelt.

Wie komme ich zu so einer Aussage, fragst du dich jetzt bestimmt?

Ganz einfach: Weil es meine Erfolge belegen!

Meine Vita spricht für sich: Ich habe 2011 als Praktikant bei einem der ältesten Immobilen-Dienstleister Mallorcas angefangen, war unter anderem Verkäufer und Büroleiter bei einem international agierenden Unternehmen und bin mittlerweile Inhaber einer Investmentfirma.

Mit unserer Gesellschaft haben wir uns vom klassischen Immobilienvertrieb nunmehr auf das Veredeln von Immobilieninvestments spezialisiert. Dabei finde ich es immer sehr spannend, die Kollegen, die uns Investment-Angebote zeigen, von Käuferseite aus zu betrachten. Häufig ist es erschreckend zu sehen, wie fehlerhaft sich einige Makler bei Besichtigungen verhalten. Ich sage es mal freundlich: Inkompetenz hat wirklich keine Grenzen!

Anhand meines Werdegangs und an zahlreichen Beispielen aus der Praxis werde ich auf den folgenden Seiten beschreiben, was wir tagtäglich erleben und wie unser Mindset mit Höhen und Tiefen, die diese Branche durchaus mit sich bringt, funktionieren sollte, damit wir nicht irgendwann durchdrehen! Vor allem werde ich auch aufzeigen, welche Fehler unbedingt vermieden werden sollten, damit du für die Käuferseite nicht wie ein Amateur wirkst. Für den ersten Eindruck gibt es keine zweite Chance und schon gar nicht bei den Hochkarätern, Firmeninhabern und Geschäftsführern von Konzernen, die wir zu unserem Kaufklientel zählen.

Liebe Kollegen unter euch, in diesem Buch werdet ihr euch vielleicht in einigen Kapiteln wiederfinden. Wir fliegen ab und zu auch mal auf die Fresse, aber wichtig ist, immer wieder aufzustehen und in Bewegung zu bleiben. Alles andere ist Stillstand, und das ist keine Option, niemals!

Dieses Buch ist ein enormer Mehrwert für Quereinsteiger, die als Immobilienmakler auf Mallorca durchstarten wollen, aber auch für Vertriebler, die bereits in der Branche tätig sind, und ihren Umsatz steigern möchten. Meine Erfahrungswerte und Tipps sollen für Beginner als Förderung dienen, oder dazu, um deine Skills als Profi aufzufrischen. Das tut immer gut und macht einen eher klüger als andersrum.

Ich persönlich hätte mich gerade in meiner Anfangszeit sehr über eine derartige Unterstützung gefreut, und wenn auch du mit der Maklerei anfangen möchtest, dann wird dir diese Lektüre eine große Hilfestellung sein. Orientiere dich daran und du wirst feststellen, dass Erfolg kein Zufall ist.

Das waren meine Motivationspunkte, dieses Buch zu verfassen.

Ich wünsche dir reichlich Unterhaltung und gute Erkenntnisse.

Attacke und maximalen Erfolg!

Herzlichst

Dein Oliver

Bitte seht mir nach, dass es keine Gendersprache in diesem Buch geben wird. Ich möchte niemanden diskriminieren, oder dass sich jemand ausgeschlossen fühlt, es geht lediglich darum, dass sich das Buch somit leichter lesen lässt.

Kapitel 1

Ist Verkauf lernbar und was ist das Geheimnis zu mehr Erfolg im Immobilienverkauf?

Ja, Verkauf ist lernbar, teilweise jedoch nur bedingt.

Keiner von uns kommt als Verkäufer zur Welt. In unserer Entwicklung haben wir die Wahl, in welche berufliche Richtung wir uns orientieren möchten, und was wir aus unserem späteren Leben machen wollen. Jeder ist seines eigenen Glückes Schmied, so heißt es. Vorausgesetzt, dass Eltern ihre Kinder nicht auf einen bestimmten Weg lenken und diese sich somit frei entfalten können.

Es wäre schön, wenn diese Möglichkeiten allen Menschen auf der Welt gleichermaßen gegeben wären. Aber in Entwicklungsländern ist dies durch eine schwache Wirtschaft, die daraus resultierende Armut und Hungersnot traurigerweise nicht der Fall.

Kommen wir wieder zum eingehenden Thema. Halten wir vorerst fest, dass auch die besten Verkäufer ihr Handwerk von der Pike auf erlernen mussten. Wie heißt es doch so schön: Es ist noch kein Meister vom Himmel gefallen.

Um erfolgreich im Verkauf zu sein, muss grundsätzlich Talent vorhanden sein, gepaart mit dem richtigen Mindset, einem niveauvollen und gepflegten Erscheinungsbild sowie Tugenden, die wir uns durch eine vernünftige Erziehung und unser Umfeld angeeignet haben. Dazu später mehr.

Verkauf übers Telefon zum Beispiel ist mit Leichtigkeit lernbar, obwohl es auch da nicht nur auf überzeugende Worte und auf eine gute Einwandbehandlung ankommt.

Da geht es nicht um die Optik, wie in unserem Gewerbe, denn hat jemand am Telefon eine so schreckliche Stimme, bei der man sich am liebsten übergeben möchte, wird doch schnellstmöglich wieder aufgelegt, oder!?

Wer kennt diese unangenehmen Werbeanrufe denn nicht!? Am besten kommt der Anruf noch aus einem Call Center mit störenden Hintergrundgeräuschen. Wie willst du dein Gegenüber denn so überzeugen, bei dir ein Produkt zu erwerben? Beim Telefonverkauf kommt es auf den Duktus und die richtige Stimmfarbe an. Natürlich musst du dich an einem gut durchdachten Leitfaden orientieren und die richtigen Argumente bei Einwänden parat haben. Das ist klar, aber eben nicht ausreichend.

Auch solltest du zu hundert Prozent hinter deinem Produkt stehen und davon überzeugt sein, um andere ebenso davon zu überzeugen, denn nur wer selbst brennt, kann auch andere entflammen.

Wenn du dies mitbringst, ist Verkauf am Telefon und der damit einhergehende Erfolg erlernbar. Denn hast du nicht nur Schlagkraft, damit meine ich Kompetenz, und die richtigen Argumente, sondern dazu auch eine gewisse Schlagzahl, sprich Durchhaltevermögen und Ehrgeiz, dann bist du eine Waffe und deine eigene Gelddruckmaschine.

Du fragst dich jetzt bestimmt, wie ich dazu komme, über Telefonverkauf zu sprechen.

Was habe ich überhaupt am Telefon verkauft?

Ich habe immer zuerst meine Person verkauft, angefangen bei der Begrüßung mit einem korrekten Tonfall und dem richtigen Duktus, denn auch am Telefon ist der erste Eindruck kriegsentscheidend.

Sei es bei der Kaltakquise oder beim Erstkontakt mit einem Kauflead (Anfrage).

„Cold callings" habe ich gerade in meinem ersten Jahr als Immobilienverkäufer auf Mallorca mit damals knackigen 25 Jahren zur Genüge gemacht. Zu der Zeit habe ich bestimmt über 200 Kunden aus der bestehenden Datenbank angerufen. Mit nur mäßigem Erfolg. Lediglich war dies eine Nebenbeschäftigung zu den sonstigen Tätigkeiten eines Immobilienmaklers auf Mallorca. Dennoch habe ich es ernst genommen und zum Hörer gegriffen.

Kaltakquise ist wie Zahnschmerzen, da hat keiner Bock drauf, vor allem nicht, wenn es sich um Kunden handelt, die vor fünf bis zehn Jahren in die Datenbank aufgenommen worden sind und sich höchstwahrscheinlich somit nur noch schwach an den Namen „deines" Unternehmens erinnern können. So ist das oftmals bei mir der Fall gewesen.

Da brauchte ich teilweise ein echt dickes Fell, denn das eine oder andere Mal sind vom angerufenen Interessenten mir gegenüber Beleidigungen gefallen, die mich nachdenklich gestimmt haben. Das dicke Fell musste ich mir also erst einmal aneignen.

Lagen die negativen Reaktionen an mir? Nein! Ich musste einfach mein Mindset anpassen.

Vielleicht ist der Herr oder die Frau am anderen Ende der Leitung gerade mit neuen Schuhen in Hundekacke getreten, oder womöglich hatte er oder sie einen platten Reifen auf dem Weg zur Arbeit, oder gegebenenfalls hängt daheim der Haussegen schief, oder, oder, oder.

Es gibt unendlich viele Eventualitäten.

Du darfst diese Reaktionen niemals persönlich nehmen, denn du weißt nicht, was bei deinem Gegenüber gerade privat oder geschäftlich los ist, oder eben auch nicht los ist.

Es ist mir sogar vereinzelt passiert, dass die Person, die ich versucht habe anzurufen, leider bereits verstorben war. Das ist mir dann besonders unangenehm gewesen.

Es war echt mühsam, aber letztendlich habe ich mir irgendwann gedacht, dass es ja einen Grund dafür gibt, dass diese „Kaufinteressenten" in der Datenbank stehen.

Ich wollte den Kunden doch etwas Gutes tun, denn vielleicht sind diese noch nicht fündig geworden, sodass ich diese bei deren Suche unterstützen kann, dachte ich mir ab einem gewissen Zeitpunkt.

Also ab ans Telefon und anrufen!

Selbstverständlich hatte ich auch einen Leitfaden, der in etwa wie folgt ausgesehen hat:

Guten Tag Herr X, Oliver Steinmetz von der Firma Y.

Ich möchte nicht lange Ihre Zeit in Anspruch nehmen und komme gleich auf den Punkt, ok?

Kunde: Ok (häufigste Reaktion auf die oben gestellte Frage).

Sie werden bei uns in der Datenbank als Kaufinteressent für eine Immobilie auf Mallorca geführt, weshalb ich mich bei Ihnen erkundigen möchte, ob Sie bereits fündig geworden sind?

Falls der Kunde dies verneint:

Da Sie noch auf der Suche nach einem passenden Urlaubsdomizil auf Mallorca sind, würde es mich sehr freuen, wenn ich Sie dabei unterstützen kann, sodass wir gemeinsam Ihre Traumimmobilie finden! Klingt das gut für Sie?

Falls der Kunde dies bejaht:

Herr X, Lassen Sie uns dazu in einem weiteren Telefonat austauschen.

Wichtig ist für mich zu wissen, was Sie sich genau vorstellen, sodass ich für Sie passende Angebote selektieren kann. Wann erreiche ich Sie dazu telefonisch am besten, eher vormittags oder nachmittags?

Und schon habe ich den Kunden terminiert.

Das klingt ja wie im Bilderbuch, denkst du dir jetzt. Ja, stimmt, nur leider war das nicht der Regelfall. Aber es kam vor, dass ich auf diese oder ähnliche Weise Kunden reaktivieren konnte.

> **Kleiner Tipp, große Wirkung:**
> *Was hört ein Mensch am allerliebsten? Seinen eigenen Namen. Baue immer wieder den Namen des Kunden in deine Fragen ein. Achte aber darauf, dass du dabei das richtige Maß einhältst, sonst wirkt das im Gespräch unseriös.*

So oder so ähnlich habe ich argumentiert.

Trotz der vielen Nein habe ich niemals aufgegeben, sondern immer weitergemacht. Obwohl es teilweise echt frustrierend war!

Irgendwann hat sich einfach mein Mindset geändert, sodass ich die vielen Nein als etwas Positives gesehen habe.

Vielleicht fragt ihr euch gerade, was an einem Nein positiv sein kann?

Ganz einfach: Betrachtet man die „Zusage-Statistik", bringt dich jedes Nein dem **JA** einen Schritt näher.

Und so sollte es dann auch sein:

Es war 2012 und ich konnte irgendwann nach gefühlt unzähligen Telefonaten eine ernsthafte Interessentin reaktivieren, terminieren und vor Ort final abschließen.

Mit dieser Kundin hatte ich Glück, denn die Dame hat gezielt in Bendinat, einer sehr beliebten Wohngegend im Südwesten der Insel, eine Immobilie gesucht, und ich hatte zeitgleich ein passendes Angebot für sie. Das Timing war perfekt!

Was alles durch einen Anruf möglich sein kann, wenn es bei uns in der Kaltakquise einmal klappt, habe ich mir dann nach der Beurkundung gedacht.

Bei der Immobilie, die sie gekauft hat, handelte es sich um eine sehr schöne Wohnung in einer begehrten Wohnanlage.

Das Apartment wurde zu einer Zeit erworben, zu der die Preise noch nicht so in die Höhe geschossen gewesen sind wie jetzt. Aber die Provision hat trotzdem gut geschmeckt!

War es pures Glück, oder hat es so sollen sein?

Ich denke, dass dies eine Belohnung für meine Hartnäckigkeit und meinen Ehrgeiz gewesen ist, und das hat mir wieder einmal gezeigt, dass etwas unternommen werden muss, bevor wir es unterlassen!

Kaltakquise ist ein Nein-Job, aber bekommen wir ein Ja, gibt es einen finanziellen Ausgleich für all die Absagen, Beleidigungen und all das geheuchelte Interesse von angeblich kaufinteressierten Kunden.

Also, wenn es klappt, rentiert es sich, und es ist sehr gut möglich, dass auch in der Datenbank „deines" Immobilienunternehmens „kalte" Interessenten vorhanden sind, die sich reaktivieren lassen.

Gerade zu Beginn deiner beruflichen Laufbahn auf Mallorca empfehle ich dir, zum Hörer zu greifen. Natürlich nach Absprache mit deinem Vorgesetzten. Es tut dir und deiner Laufbahn gut, du lernst dadurch unglaublich viel, und du kannst nur gewinnen mit dem richtigen Ehrgeiz!

Mein Tipp:
Wenn du einen Anruf tätigst, versuche stets, dabei zu lächeln. Das überträgt sich auf deine Stimme und hat zugleich einen positiven Effekt auf den Kunden. Das ist in etwa genauso, wie wenn du gut gelaunt durch die Stadt gehst und Leute lächelnd anschaust. Diese positive Stimmung bekommst du gleich zurück, und Leute reagieren dir gegenüber automatisch viel freundlicher, obwohl du diese Menschen um dich herum nicht einmal kennst. Menschen spiegeln sich, was an den sogenannten Spiegelneuronen liegt. Gute Laune ist also übertragbar. Andersherum übrigens genauso, denn du ziehst das an, was du ausstrahlst. Nur wer selbst glücklich ist, macht auch andere Menschen glücklich!

Kommen wir nun zum angenehmen Teil unserer Tätigkeit: Dem Erstkontakt zum Kaufinteressenten, der eine gezielte Anfrage zu einer Immobilie gestellt hat.

Vorab halten wir fest, dass direkter Immobilienverkauf leider nicht über das Telefon funktioniert. Klar, du kannst die Immobilie beschreiben, die Vorteile aufzählen und dem Kunden das Produkt schmackhaft machen. Aber eine definitive Kaufentscheidung trifft der Kunde in der Regel physisch vor Ort. Das ist logisch, denn in unserer Branche sprechen wir von hohen bis sehr hohen Investitionssummen.

Wie gehst du vor, sobald eine Anfrage bei dir eingegangen ist? Rufst du den Kunden an, oder schreibst du erst einmal eine E-Mail?

Grundsätzlich gilt:

Egal, ob du den Kunden anrufst oder eine E-Mail schreibst: Versuche, stets Negationen wegzulassen und eine positive Verkaufssprache an den Tag zu legen.

Zuallererst empfehle ich dir jedenfalls, den Kunden zu googeln, etwas über ihn in Erfahrung zu bringen und dann direkt anzurufen. Je nach Uhrzeit versteht sich, aber Fakt ist, sei schnell!

Du musst das so sehen: Wir Makler auf Mallorca sind wie eine Plage.

Es gibt Immobilienverkäufer auf Mallorca wie Sand am Meer, und du bist nicht der Einzige, bei dem der Interessent anfragt. Das ist Fakt.

Was ist somit also kriegsentscheidend? Die Geschwindigkeit!

Dabei muss es dir egal sein, ob es bereits abends ist und du vielleicht lieber dein Feierabendbier genießen möchtest, oder ob es Wochenende ist. Du musst sofort reagieren.

Das war bei mir ein gravierender Erfolgsaspekt, den ich später als Büroleiter den Mitarbeitern immer und immer wieder gepredigt und eingeimpft habe.

Meine Erwartung war stets, dass der Kunde innerhalb von maximal zwei Stunden nach Eingang der Anfrage kontaktiert werden musste. Egal, was auch gewesen sein mag. Ansonsten ging der Kunde an einen anderen Mitarbeiter, oder ich bearbeitete diesen selbst.

Klar, wenn eine Anfrage um 03.00 Uhr morgens eingegangen ist, war dem nicht so, aber zu moderaten Tageszeiten auf jeden Fall.

Warum so knallhart?

Ganz einfach, denn wir haben keinen Nine-to-Five-Job!

Wenn du mit dieser Einstellung nicht klarkommst, dann arbeite lieber bei der Post oder in einer Behörde.

Dadurch, dass wir dank der Erfindung des Mobiltelefons unser „Büro" stets bei uns tragen, sollte es dir von überall aus möglich sein, zu arbeiten. Egal, ob du gerade beim Mittagessen bist, im Auto sitzt, Sport im Fitnessstudio treibst oder in deinem Bett liegst. Du kannst jederzeit eine Anfrage mit Leichtigkeit bearbeiten. Es kommt auf dein Mindset an!

Angenommen, ein potentieller Immobilienkäufer sitzt in Deutschland bei strömendem Regen und eiskalten Temperaturen. Der Herr oder die Dame wünscht sich in diesem Moment nichts sehnlicher, als eine schöne Immobilie beispielsweise auf der Sonneninsel Mallorca zu erwerben.

Was passiert also:

Der Interessent schaut auf den Internetseiten von unterschiedlichen Maklerfirmen und stellt seine Anfragen.

Da es nur sehr selten Alleinaufträge gibt und die meisten Immobilienfirmen ein ziemlich identisches Portfolio haben, werden dem Interessenten von einem kompetenten Makler, der den Erstkontakt zum Käufer hat, schnellstmöglich passende Angebote zugesandt, die auch in „deinem" Portfolio zum Kauf stehen.

Stellen wir uns jetzt folgendes Szenario vor:

Eine Anfrage geht bei dir am Freitagabend um 21.00 Uhr ein und du denkst dir: *Ach, nicht jetzt, es ist bereits Wochenende und ich hatte eine stressige Woche. Ich muss erst einmal runterkommen und melde mich irgendwann am Samstag, oder Sonntag, wenn es mir passt.*

Gratulation, du Schlafmütze, du hast gerade richtig schön verkackt!

Der Kunde wird bestimmt nicht auf dich warten, und wenn du nicht rechtzeitig reagierst, ist er weg und wird von einem anderen Makler „verarztet".

Ein motivierter Verkäufer hat dem Interessenten umgehend nach Eingang der Anfrage eine E-Mail geschickt, sich nach dem Suchprofil erkundigt, Angebote versandt und über das Wochenende, an dem du dich ausgeruht hast, bereits Besichtigungstermine vereinbart.

Er wird dem Kunden genau die Immobilien zeigen, die du auch hättest anbieten können und er wird verkaufen, nicht du!

Ärgerlich, oder!? Du bist selber schuld, denn das Einzige, was du an deinem ruhigen Wochenende abgeschlossen hast, ist deine Haustür, wenn du am Montagmorgen ins Büro fährst. Denk mal drüber nach.

Ich habe da auch ein sehr gutes Beispiel aus meiner Praxis:

Ende 2015 habe ich vor meinem Büroleiterposten in Santa Ponsa als Verkäufer für dieselbe Firma in Portals Nous gearbeitet.

Es war Sommerbeginn 2016 und wir hatten mal wieder irgendeinen Feiertag. Der Franchisenehmer des Unternehmens, für das ich tätig war, und ich waren an diesem Tag im Büro. Es ging eine Anfrage von einer Irin bei uns ein. Über ein Immobilienportal, dass jedem Mallorca-Makler bestimmt bekannt ist. Die Kundin interessierte sich für eine Erdgeschosswohnung in dem beliebten Vorort von Palma, Cas Catala, die ich erst kürzlich durch mein privates Netzwerk aufgenommen hatte. Bei uns galt die Regel, dass Kaufanfragen möglichst von einem Kollegen, dessen Muttersprache die des Kunden war, bearbeitet wurden. Der Käufer fühlt sich so am wohlsten. Da Englisch nicht meine Muttersprache ist, hätte diese Anfrage eigentlich an meinen Kollegen gehen sollen, dessen Muttersprache eben Englisch war. Allerdings hat der Kollege sich entschieden, an diesem Feiertag lieber etwas anderes zu machen als zu arbeiten und war entsprechend nicht erreichbar. Das hätte für die Firma einen finanziellen Verlust bedeuten können, da die Anfrage schnellstmöglich bearbeitet werden musste. Die Eigentümerin dieser Wohnung ist zwar eine Bekannte von mir gewesen, aber dennoch hatten wir das Apartment nicht exklusiv im Angebot. Zum Glück ist mein Englisch ganz passabel und somit habe ich den Lead bekommen. Ich habe die Kundin direkt angerufen und einen Besichtigungstermin vereinbart. Die Dame war zu diesem Zeitpunkt auf Mallorca und am nächsten Tag habe ich die Wohnung präsentiert. Ich mache es kurz: Letztendlich habe ich diese Immobilie an die Kundin verkauft und mein Kollege hat sich natürlich geärgert, weil dies normalerweise sein Deal hätte sein können.

Aber so ist es, wenn du keine Zeit für potentielle Käufer hast, wird ein anderer sich die Zeit nehmen und schneller sein als du.

Gerade an Wochenenden und Feiertagen meinen einige Verkäufer, in den „Ausruh-Modus" wechseln zu können, und sind dann fürs Geschäft nicht mehr zu erreichen, aber: Business never sleeps!

Ich habe es geliebt, an Feier- und Samstagen im Büro zu sein oder an diesen Tagen Immobilien zu zeigen. Da war es immer schön ruhig und ich konnte mich voll und ganz auf meine Arbeit konzentrieren. An diesen Tagen habe ich auch häufig einige meiner „cold callings" geführt, denn gerade samstags hatten einige Kunden aus unserer Datenbank eher Zeit zum Telefonieren und waren so teilweise viel entspannter.

Alleine durch eine simple Einstellung kannst du dich mit Leichtigkeit von der Masse abheben.

> **Mein Tipp an dich:**
> *Versuche immer, der Erste beim Kunden zu sein und bearbeite jede Anfrage schnellstmöglich, damit du derjenige bist, der den Sack zumacht. Lässt du dir zu viel Zeit, hast du verloren! Ganz einfach.*

Klar, wir müssen auch das Leben genießen, und auf Mallorca gibt es sehr viele Gelegenheiten, zu „versacken". Lass es aber niemals zu deinem Regelfall werden und konzentriere dich auf das Wesentliche: Lebensträume zu realisieren.

Vor einer wichtigen Besichtigung empfehle ich dir, dich voll auf den Verkauf zu fokussieren, fit zu sein, und den Termin gedanklich zu visualisieren, sodass du die Ausstrahlung eines Gewinners hast.

Kontraproduktiv wäre beispielsweise, sich am Vorabend zu besaufen und am nächsten Tag noch mit einer Fahne zu dem Termin zu kommen. Dann hast du keine guten Karten. Wenn du dich so als Verkäufer bei einem seriösen Immobilienunternehmen verhalten solltest, dann wirst du bestimmt irgendwann befördert werden ... Aber hinaus!

Ich wäre nicht aufrichtig, wenn ich sagen würde, dass mir dies während meiner Anfangszeit auf Mallorca nicht auch mal passiert wäre. Trotzdem habe ich nie mein Ziel aus den Augen verloren, denn für mich hatte das Verkaufen von Immobilien immer Priorität.

Ich war süchtig nach Abschlüssen und bin es noch immer!

Dieses Gefühl, wenn du Verkäufer und Käufer glücklich machst und nach einem erfolgreichen Notartermin in dankbare Augen schaust, ist einfach phänomenal.

„Vielen Dank für Ihre Unterstützung, wir haben uns sehr gut bei Ihnen aufgehoben gefühlt, Sie sind der beste Makler, mit dem wir hier auf Mallorca zu tun hatten!"

Diese Bestätigungen hört man doch einfach gerne und will mehr davon, immer mehr.

Beide Seiten glücklich zu machen und zu wissen, dass man selbst einen exzellenten Job gemacht hat, ist die höchste Motivation für mich.

Deshalb ist der Immobilienverkauf meine Passion, und dass wir als Makler damit gutes Geld verdienen, ist ein sehr positiver Nebenaspekt.

Was wir allerdings dafür tun und durchmachen müssen, ist nicht jedermanns Sache. Mental musst du stark sein und auch mit Rückschlägen und Zusagen, die oftmals nicht eingehalten werden, klarkommen. Leider ist es nicht der Fall, dass du nur eine Tür aufschließt, der Kunde sofort kauft und dir so ganz leicht die Provision in den Schoß fällt.

Als Immobilienmakler brauchst du Beharrlichkeit!

Es sieht alles immer so easy aus, aber kein Außenstehender weiß, was wir alles dafür getan haben, um einen Verkauf abzuschließen. Das ist so, als würde man einen Golfprofi oder Tennisprofi sehen und sagen: Das sieht ja so einfach aus, bestimmt kann ich das auch! Ganz so einfach ist es aber leider nicht. Du musst jeden Tag trainieren, du musst auf deine Ernährung achten, du musst fit sein, und du brauchst Durchhaltevermögen, damit du überhaupt an der Weltspitze mitspielen kannst.

Also fassen wir zusammen: Viel Fleiß, Disziplin und Erfahrung bringen dich ans Ziel. Egal, ob im Verkauf oder im Profisport. Du musst sprichwörtlich am Ball bleiben und niemals aufgeben.

Was für Rückschläge gibt es und welche Zusagen werden nicht eingehalten?

So schön es sich vielfach auch anhört, und wir nach einem erfolgreichen Besichtigungstermin eine verbale Kaufzusage mit entsprechendem Gebot erhalten, kann man oftmals nicht viel darauf geben. Voller Euphorie geben wir die positiven Neuigkeiten an den Eigner weiter und starten somit die Verhandlungen. Je nach Angebot fallen diese einfacher oder eben mühsamer aus.

> **Kleiner Tipp:**
> *Lass dir immer ein Kaufangebot schriftlich geben, das schafft mehr Verbindlichkeit beim Interessenten.*

Gleichwohl kann man den Kunden nur vor die Stirn gucken und weiß somit nicht, was im Anschluss des Übereinkommens alles noch so passiert, auch wenn es schriftlich ist.

Ein Kunde aus meiner Anfangszeit, zu dem sich in den Folgejahren eine Freundschaft entwickelt hat, hat auf Mallorca in den letzten Jahren ein paar Investments getätigt.
Diese habe ich für ihn betreut und ihn beim Verkaufsprozess erfolgreich unterstützt.

Sein letztes Investment hier auf Mallorca war eine Vier-Zimmer-Wohnung im ersten Obergeschoss in einer sehr hochwertigen Neubauwohnanlage.

Die Einheit hat er noch vor Corona im Jahre 2019 „off plan" reserviert, und das ursprüngliche Vorhaben war, die Kaufoption gewinnbringend weiterzuverkaufen. Selbstverständlich musste jeder Baufortschritt finanziell ausgeglichen werden, was sich somit auf den Betrag der Optionszahlung addiert hat. Dennoch eine sehr gute Idee, da die Einkaufspreise vom Plan weg deutlich günstiger sind als nach Fertigstellung. Je weiter das Projekt voranschreitet, desto mehr ziehen die Preise an. Das variiert natürlich von Einheit zu Einheit. Der Wert bei beispielsweise Penthäusern steigt oftmals sogar bereits nach kurzer Zeit um ein Vielfaches. Gerade innerhalb einer so prestigeträchtigen Wohnanlage wie dieser.

Wahrscheinlich hätte die Idee also auch geklappt, allerdings kam dann etwas dazwischen, womit keiner auf dieser Welt gerechnet hat. Die Pandemie. Unsere Welt stand still und gerade auf Mallorca spitzte sich die Situation zu. März 2020 bleibt uns allen, die das auf Mallorca mitgemacht haben, wohl für alle Zeit in Erinnerung. Lockdown! Die Insel wurde komplett dichtgemacht und Flughäfen sowie Häfen wurden gesperrt. Nichts ging mehr, absoluter Stillstand, und wir waren über Monate an unser Zuhause gebunden, welches wir nur zum Einkaufen, zum Tanken verlassen durften, oder wenn wir etwas von der Apotheke benötigt haben. Ich will Corona hier nicht weiter thematisieren, das hängt jedem zum Hals raus, aber um zu verstehen, wie es mit dieser Immobilie weiterging, musste ich das kurz anreißen.

Keiner wusste also, was passiert, in welche Richtung sich das weltweit noch entwickelt, und ob es überhaupt sinnvoll ist, Gelder in diesen Zeiten zu investieren. Es spitzte sich immer weiter zu.

Allerdings konnten mit Ausnahmen Bauarbeiten an Häusern und Wohnanlagen mit einer entsprechenden Genehmigung weitergeführt werden. Summa summarum bedeutete das, dass der Bau der Wohnanlage voranschritt, zu einer Zeit, zu der kein Käufer nach Mallorca kommen konnte, und zu einer Zeit, in der es sehr ungewiss war, wie sich der Immobilienmarkt auf Mallorca überhaupt entwickeln wird.

Es kam also so, dass die Wohnanlage fertiggestellt worden ist und im Oktober 2020 die restliche Kaufpreissumme beim Notar gezahlt werden musste. Ansonsten hätte der Herr die bis dahin bezahlte Summe verloren, also sprich die Reservierungsgebühr plus die bezahlten Baufortschritte. Dabei handelte es sich bereits um einen hohen Betrag, den man nicht einfach so „verschenkt". Also ist mein Freund gezwungen gewesen, die komplette Kaufpreissumme zu bezahlen. Corona sei Dank!

Die Wohnung ging somit im Anschluss direkt an den Markt, und um den Verkaufsprozess zu beschleunigen, habe ich mir bereits ein Jahr zuvor ein Konzept überlegt, das auch in der Vergangenheit bereits erfolgreich war.

Dieses Konzept habe ich noch optimiert, sodass wir die Immobilie dann 2021 erfolgreich verkaufen konnten. Ich habe nichts entwickelt, was es nicht schon gibt, aber wie sagte Sir Isaac Newton: „Wenn ich weiter als andere gesehen habe, dann nur deshalb, weil ich auf der Schulter von Giganten stand." Das soll in diesem Zusammenhang bedeuten, dass ich mit meinem Konzept das Rad nicht neu erfunden, sondern es lediglich optimiert habe.

Es gibt ebenso andere Anbieter für derartige Leistungen, nur kenne ich persönlich keine, die dies so gewissenhaft wie ich umgesetzt haben.

Vielleicht ist das Zitat und der Vergleich mit Giganten etwas „too much", aber es fiel mir gerade ein, da ich dieses kürzlich in einem Buch gelesen habe und es mir gut gefiel.

Mehr über mein Konzept erfahrt ihr in Kapitel sieben.

Kommen wir nun zu einem Rückschlag in dem Verkaufsprozess der oben genannten Wohneinheit. Das Folgende kommt leider öfter vor, und ich habe dies persönlich nicht nur einmal erlebt. Ganz bestimmt kennen das auch die meisten von euch.

Wir hatten Kaufinteressenten für das Apartment, ein Ehepaar, das bereits eine Wohnung auf Mallorca besaß und sich mit dieser neuen Einheit vergrößern wollte.
Diese Immobilie war perfekt für deren Bedürfnisse. An dem Tag der Besichtigung war das Wetter optimal und die Wohnung war, wie es sich gehört, bestens vorbereitet. Zudem hatten wir wie bei jeder Besichtigung Duftkerzen angezündet, die eine entsprechend positive Atmosphäre geschaffen hatten. Alles schien also zu passen!

> **Wichtiger Tipp:**
> *In einer Immobilie muss es bei einer Besichtigung immer gut riechen, denn wenn nicht, geht es direkt mit einer negativen Assoziation los. Es geht um sehr viele Faktoren, die den Besichtigungsverlauf positiv oder auch negativ beeinflussen können. Auch muss die Immobilie sauber, gepflegt, hell und aufgeräumt sein. Wir müssen vorab dafür Sorge tragen, dass unsere Termine optimal verlaufen, soweit wir das steuern können. Denn auch hier kommen wir wieder zum ersten Eindruck, für den es keine zweite Chance gibt.*

Bei der Besichtigung mit dem Ehepaar war alles top, und den Interessenten hat die Liegenschaft zugesagt. Im Anschluss sind wir noch durch die Wohnanlage gegangen und die Kunden waren von dem Gesamtpaket begeistert. Diesen Eindruck hatte ich tatsächlich von den beiden. Das sollte sich auch bestätigen, denn noch am selben Tag erhielt ich einen Anruf:

„Oliver, wir wollen kaufen! Das ist genau das, was wir uns vorstellen. Wir würden uns gerne mit dem Eigentümer zusammensetzen, sodass wir uns einig werden können."

Der Eigner war nämlich zeitgleich auf Mallorca, und ich hatte das entsprechend so vorgeschlagen, sollte eine ernsthafte Kaufabsicht bei den beiden bestehen.
Für mich ist das der schnellste und einfachste Weg, um beide Parteien auf einen Nenner zu bringen.

Hierbei muss ich noch erwähnen, dass ich die Käufer vorab darüber in Kenntnis gesetzt habe, zu welchem finalen Preis in etwa die Wohnung erworben werden kann.

Dazu haben der Verkäufer und ich uns selbstverständlich vorher bereits Gedanken gemacht, und so wurde dies den Käufern dann gegenüber kommuniziert.

Zu wissen, wo wir in etwa „closen" können, ist essentiell für einen positiven Verhandlungsverlauf. Jeder will für sich den besten Preis erzielen, und das ist auch legitim, aber bei Angeboten, die vor Unverschämtheit nur so strotzen und jenseits der Vorstellungen der Eigentümer liegen, macht es oftmals keinen Sinn, in die Verhandlungen zu gehen. Da verplempern wir alle nur kostbare Lebenszeit.

> **Mein Tipp:**
> *Besprich immer vorab mit den Eigentümern, zu welchen Konditionen ein Kauf möglich ist. Das vereinfacht die Verhandlungen enorm, denn so kannst du deinen Kunden entsprechend lenken, und eine mögliche Preiseinigung wird dadurch auch sehr wahrscheinlich erzielt werden.*

Es kommt schon vor, dass sehr „sportliche" Angebote platziert werden, und oftmals wissen wir bereits vorab, dass ein

Kauf unter diesen Bedingungen nicht stattfinden wird. Allerdings haben wir eine Verpflichtung den Eigentümern gegenüber. Dazu zählt auch, ein Feedback nach jeder einzelnen Besichtigung zu geben, sprich erhaltene Gebote weiterzuleiten, egal, wie unangenehm es manchmal ist.

Auch da kann es zu Überraschungen kommen, denn wir wissen nicht, in welcher Situation sich der Eigentümer gerade befindet. Es kann also gut möglich sein, dass beide Parteien doch zusammenfinden, denn ein Startgebot von Käuferseite ist meistens auch nicht final. Es wird eine Zahl in den Ring geworfen, um zu starten. Let the games begin! Entweder wir können auf dem Angebot aufbauen, oder eben nicht.

In unserem Fall war alles klar, und so rief ich den Eigentümer an: „Positive Neuigkeiten, die Besichtigung lief wie erwartet gut, und die Interessenten möchten sich gerne morgen mit dir zusammensetzen."

Somit hatten wir für den darauffolgenden Tag einen Termin in dem Apartment vereinbart, in dem wir über die Kauf-Konditionen gesprochen hatten und sich beide Parteien daraufhin einig wurden und dies per Handschlag besiegelt hatten.

Yes! Deal time, dachte ich mir.

Jetzt musste nur noch der Kaufoptionsvertrag aufgesetzt werden und der Verkaufsprozess kann voranschreiten. Ein eher triviales Prozedere, wenn eine Einigung erzielt worden ist.
So habe ich mir noch am selben Tag die Personaldaten von den Käufern zusenden lassen und diese im Anschluss an den Anwalt des Verkäufers weitergeleitet. Mit diesem hatten wir zeitgleich einen Termin koordiniert, sodass wir am nächsten Tag in der Anwaltskanzlei kurz zusammensitzen wollten.

Fröhlich wie wir zu diesem Zeitpunkt waren, hatten wir im Anschluss erst mal eine Flasche Champagner geöffnet und auf den anstehenden „Deal" angestoßen. Wunderbar, genauso muss ein Besichtigungstermin laufen, sagten wir uns. Am nächsten Tag sollten wir allerdings eines Besseren belehrt werden …

Wir hatten den Termin mit dem Anwalt für 14.00 Uhr koordiniert und ich sollte den Verkäufer um 13.15 Uhr im Hotel abholen. Pünktlich und gut gelaunt bin ich dort aufgeschlagen: „Hi, wie geht's dir? Dann lass uns das Ding mal eintüten!"

Kurz nach der Begrüßung, quasi auf dem Weg zu meinem Auto, klingelte mein Telefon:

„Oliver, es tut uns leid, aber wir werden die Immobilie doch nicht kaufen. Wir haben uns nun umentschieden und bleiben vorerst in unserem Apartment wohnen. Vielleicht kaufen wir in der Zukunft eher ein Haus, wir wissen es noch nicht."

Das kann doch nicht sein, was ist hier eigentlich zur Hölle los? Trotz Handschlag und des positiven Gesprächsverlaufs wollen die beiden nicht mehr kaufen? *Das hat sich gestern noch ganz anders angehört,* ging mir durch den Kopf.

Natürlich habe ich professionell reagiert, was soll ich denn auch tun als Vermittler!?
Es war mir allerdings unangenehm und tat mir sehr für den Eigentümer leid.

Aber das kommt vor in unserem Business und mit solchen Rückschlägen müssen wir leider rechnen, ganz gleich, wie gut es sich anhört oder anfühlt und egal, wie euphorisch wir nach einer Preiseinigung sind.

Ein Tipp von mir, den ich in diesem Beispiel leider selbst nicht beherzigt habe:
Erst feiern, wenn die Tinte auf der Kaufurkunde trocken ist. Niemals vorher, denn es kann bis dahin noch so einiges passieren. Versuche stets, gefühlsneutral zu bleiben.
Das wird sich sogar automatisch mit der Zeit ergeben, denn in unserer Branche, und vielleicht noch öfter auf Mallorca, passiert Derartiges relativ häufig. Man lernt, damit umzugehen.

Der Verkauf ging also weiter, und kurze Zeit später hatten wir einen Käufer für die Wohnung gefunden. Nach der Unterschrift im Grundbuch beim Notar knallten dann aber ordentlich die Korken, das kann ich euch versichern!

Das war ein weiteres Mal eine Achterbahnfahrt der Gefühle für den Eigentümer und dieser Verkauf ist damit sein letzter Immobilienverkauf auf Mallorca gewesen.

Seine Erfahrungswerte waren leider nicht nur positiv, sodass der Herr schlichtweg sein Interesse an Immobilieninvestments auf Mallorca verloren hatte. Das war nämlich nicht das erste Mal, dass Zusagen uns gegenüber nicht eingehalten worden sind. Wir haben gemeinsam auf Mallorca so einiges durchgemacht. Im Jahr 2015 gründeten wir mit einem weiteren Geschäftspartner zusammen eine Firma, und was uns beiden da widerfahren ist, war schon grenzwertig. Mehr dazu aber in dem Kapitel „Schön auf die Fresse gefallen – meine erste Selbstständigkeit".

Ich könnte jetzt noch viel weiter ausholen und über ganz andere „Referenzen" hinsichtlich einiger Tiefschläge, die in unserer Branche passieren, berichten. Das würde dann aber den Rahmen sprengen. Ganz besonders „spaßig" wird es beispielsweise, wenn unterschriebene Kaufoptionsverträge platzen, obwohl eine zehnprozentige Anzahlung des finalen Kaufpreises gezahlt worden ist, um die Immobilie zu reservieren. Das und noch vieles mehr habe ich ebenso erlebt.

Trotzdem hat mich all das nie abgehalten, weiter zu machen, denn ich bin zu erfolgsgeil, als dass ich mir von Rück- oder Tiefschlägen meine Motivation nehmen lasse!

Wie heißt es doch so schön: Nicht unsere Erfolge bringen uns weiter, nein, es sind die Niederlagen, an denen wir wachsen!

Da muss ich gerade an ein Zitat von Friedrich Nietzsche denken: „Hindernisse und Schwierigkeiten sind Stufen, auf denen wir in die Höhe steigen."

Klar hatte auch ich in der Vergangenheit und habe bestimmt immer mal wieder Tage, an denen ich weniger motiviert war beziehungsweise bin, und Tage, an denen es sich anfühlt, als würde alles mit Leichtigkeit gelingen, so als wäre man „unstoppable". Das gibt es ohne Zweifel bestimmt auch in jeder anderen Berufssparte in der Arbeitswelt.

Allerdings ist für mich das, was ich tue, keine Arbeit, denn Arbeit kann auf Dauer etwas Negatives sein. Viele gehen ihrer Arbeit nach und freuen sich bereits am Montagmorgen darauf, dass schon bald wieder Freitag ist. Manche Menschen leben also nur fürs Wochenende. Wenn das bei dir der Fall sein sollte, dann wechsle deinen Beruf und gehe dem nach, was dir Spaß bringt. Am besten sofort! Denn nur so wirst du in deinem Handeln erfolgreich sein – durch Leidenschaft.

Mein Leben dreht sich zu einem Großteil um Immobilien. Ich setze mich gedanklich sehr intensiv mit neuen Projekten, oder allgemein mit meiner „Arbeit" auseinander. So sehr, dass ich kaum an etwas anderes denke, geschäftlich sowie privat. Na gut, an meiner Hochzeit, oder bei der Zeugung meiner bezaubernden Tochter, die ich über alles auf der Welt liebe, ging mir vielleicht nicht gerade durch den Kopf, ob ich bei meinem nächsten Projekt lieber einen Naturstein nehmen soll, oder vielleicht doch eine Fliese. Obwohl, so abwegig wäre das eigentlich nicht. Mir gibt das allerdings ein gutes Gefühl, und wie bereits beschrieben sind Immobilien meine Leidenschaft, es bringt mir einfach Spaß und ich bin eben auch sehr gerne kreativ.

„Finde eine Arbeit, die du liebst, und du wirst nie wieder arbeiten." Dieser Spruch passt zu meiner Einstellung und zu meiner Passion sehr gut. Das Zitat stammt von Konfuzius, und ich habe mich dazu entschieden, bewusst danach zu leben. So wache ich morgens mit meiner „Arbeit" auf und gehe abends auch wieder mit meiner „Arbeit" ins Bett, denn ich liebe, was ich tue und tue, was ich liebe! Das ist einer meiner Leitsätze.

Kommen wir nun aber zurück zu meiner Aussage, dass Verkauf nur bedingt lernbar ist.

Fangen wir damit an, was meines Erachtens ein guter Verkäufer mitbringen muss, um überdurchschnittlich Umsatz zu generieren.

Zuerst einmal sind ein ordentlicher Kleidungsstil und ein gepflegtes Äußeres unabdingbar, denn bei unseren „Produkten" geht es um Ästhetik.

Ich habe einmal auf Instagram einen Kollegen gesehen, der etwas über Investments auf Mallorca erzählt hat. Leider kann ich nicht mehr genau sagen, welche Äußerungen er getätigt hat, und was seine Kernaussage gewesen ist. Sein Kleidungsstil hat mich so sehr irritiert, dass ich grundsätzlich an seiner Ernsthaftigkeit gezweifelt habe. Da passte farblich einfach überhaupt nichts zusammen! Der Kollege hat sich nämlich gekleidet wie ein Clown im Zirkus.

Ich dachte mir in diesem Moment nur: *So jemand möchte mir etwas über Investments erzählen? Ziemlich unseriös.*

Wie ein bunter Kanarienvogel kannst du in deiner Freizeit auftreten, aber keineswegs im Vertrieb und schon gar nicht, wenn du dazu rätst, Gelder in Immobilien anzulegen.

Wahre Champions kleiden sich anders und dabei meine ich nicht, dass es unbedingt teure Designerkleidung sein muss. Farblich sollte deine Kleidung aufeinander abgestimmt sein und eine elegante Wirkung haben. Achte vor allem auf dein Schuhwerk. Das muss immer sauber und gepflegt sein, denn wer im Vertrieb keine sauberen Schuhe trägt, der ist in seiner Arbeit nachlässig. Am Kleidungsstil und der Optik eines Verkäufers lässt sich bereits einiges zu seiner Einstellung herleiten. Aber gerade Schuhe sagen mehr aus als tausend Worte.

Stil hat man, oder hat man nicht! Das kann man nicht lernen und ist eine Eigenschaft, die du von zu Hause aus mitbringst.

Dann geht es natürlich um Körperhaltung. Eine klare Körpersprache, eine deutliche Aussprache mit dem richtigen Wording sowie ein fester Händedruck mit entsprechendem Augenkontakt bei der Begrüßung sind Grundvoraussetzungen, die du bereits hoffentlich mitbringst. Falls nicht, gibt es auch hier wieder Hoffnung für dich, denn dies ist lernbar. Ganz wichtig hierbei ist es, dass ihr grundsätzlich locker bleibt und nicht vergesst zu lächeln.

Ein wichtiger Tipp zum Verhalten im Verkauf:
Lasst den Kunden erzählen, hört genau zu, was seine Vorstellungen sind, und gebt ihm Zeit, die Immobilie auf sich wirken zu lassen. Gebt dem Interessenten seinen Freiraum und lauft bloß nicht auf jeden Schritt und Tritt hinterher. Erklärt dem Käufer auch bitte nicht, in welchem Raum er sich gerade befindet, denn das sieht er ja selbst. Hebt lieber nennenswerte Details und USPs der Immobilie hervor, und versucht, Emotionen beim Kunden zu wecken.

All das strahlt Selbstvertrauen und Disziplin aus und gibt dem Käufer vorab ein Gefühl von Sicherheit und Vertrauen in deine Arbeit und in deine Seriosität.

Neben dem richtigen Stil, einem gewissenhaften Verkäufer-Mindset und dem Willen, mehr zu erreichen, ohne davor zurückzuschrecken, entsprechende Leistungen für deinen Erfolg zu erbringen, solltest du menschlich auch die richtigen Werte mitbringen, um ein guter Verkäufer zu sein.

Ich bin froh und meinen Eltern sehr dankbar, dass ich in der Erziehung Werte, die für eine positive Entwicklung nötig sind, mitbekommen habe. Allem voran Ehrlichkeit. Das hat mich geprägt und mir eine Grundvoraussetzung, um erfolgreich im Verkauf zu werden, mitgegeben. Dazu sind ein höflicher Umgangston mit Menschen sowie Ordnung und Disziplin ebenso wichtige Attribute, die ich nicht nur von meinen Eltern vermittelt bekommen habe, sondern ebenso auf einem Internat, auf das ich gehen durfte, nachdem ich in der siebten Klasse eine „Ehrenrunde" drehen musste. Mein Abitur schaffte ich trotzdem.

Ehrlichkeit kannst du nicht erlernen. Entweder du bist ehrlich oder du bist es nicht. Bist du es nicht, spüren das unsere

Interessenten sofort. Da reicht ein Blick in die Augen beim Kennenlernen meistens aus. Obwohl man sich auch da gelegentlich leider täuschen kann.

Beim Verkauf geht es um das Vertrauen. Eine Vertrauensbasis zu deinem Kunden bekommst du nur, wenn alles passt, und Ehrlichkeit sowie Transparenz stehen meiner Meinung nach an oberster Stelle, denn Kaufinteressenten tragen sich häufig mit den folgenden Fragen:

Hat der Verkäufer nur seine Provision vor Augen, oder ist es tatsächlich sein Interesse, für mich die passende Immobilie zu finden?

Zeigt der Makler mir nur die teuren Angebote, oder auch die, die unterhalb meines Investitionsvolumens liegen?

Sagt er mir überhaupt die Wahrheit, oder erzählt er mir nur Geschichten?

Viele Kunden sind uns gegenüber erst einmal misstrauisch eingestellt.

Sei immer ehrlich, transparent und verhalte dich deinen Kunden gegenüber korrekt. Dies gilt grundsätzlich für alle Lebenslagen! Kompetenz, gepaart mit dem richtigen Auftreten im Verkauf und Attributen wie Pünktlichkeit, Disziplin und bedingungsloser Leidenschaft machen dich zu einem „top seller".

Kleiner Tipp:
Zeige nur Immobilien, die wirklich auf das Suchprofil des Kunden passen. Keiner möchte unnötig seine Zeit verschwenden. Dabei ist es egal, ob sich diese unterhalb der Preisvorstellung befinden, oder auch etwas oberhalb davon liegen. Selektiere für den Kaufinteressenten ganz genau und überflute diesen nicht mit zu vielen Angeboten. Das spricht für dich und deine Kompetenz und zeigt ebenso, dass du deine Produkte bestens kennst und den Kunden verstanden hast. Genau das erwartet ein Käufer von einem professionellen Immobilienmakler.

Zum Abschluss dieses Kapitels möchte ich euch noch einen ganz wichtigen Aspekt ans Herz legen, und zwar solltet ihr das leben, was unsere Kunden einkaufen. Damit meine ich einen gewissen Lifestyle. Ein Kunde erwirbt nicht nur eine Immobilie, nein, vielmehr investiert er in Lebensqualität und in die Lage. Finde im Gespräch heraus, was der Kunde in der Freizeit treibt. Spielt er gerne Golf, spielt er Tennis, mag er es, mit dem Boot rauszufahren, hat er Kinder, hat er vielleicht einen Hund, liebt er es, in guten Restaurants essen zu gehen?

Du solltest dich in deinem Verkaufsgebiet sowie darüber hinaus bestens auskennen und Empfehlungen, passend zu deren Bedürfnissen, aussprechen. Zudem solltest du auch einen entsprechenden Lifestyle leben, den unsere Kunden führen. Das will heißen, dass du ähnliche Interessen wie unsere Kunden haben solltest, um ein ernsthaftes Bonding für eine **langfristige** Geschäftsbeziehung aufzubauen.

Ein Beispiel aus meiner Praxis:

Zu meinen aktiven Verkaufszeiten haben mindestens achtzig Prozent meiner Kunden Golf gespielt. Nach dem Austausch über angebotene Immobilien war deshalb eine meiner ersten Fragen, ob der Interessent Golf spielt. Vielmals lässt sich daran bereits ableiten, welchen Lifestyle die Kunden leben.

Da ich selber Golf spiele, bin ich häufig mit meinen Kunden auf den Platz gegangen. Zum einen kann ich dort privates Vergnügen mit geschäftlichen Interessen kombinieren, und zum anderen gibt es meines Erachtens kaum eine bessere Möglichkeit zur Kundenbindung. Im Anschluss wird dann im Clubhouse erst mal gemeinsam ein Bierchen getrunken oder eine Flasche Wein geöffnet und etwas gegessen. Das Ganze nimmt gerne insgesamt fünf bis sechs Stunden Zeit in Anspruch, Zeit, in der man sich auch privat kennenlernt. Daraus haben sich für mich in der Vergangenheit Freundschaften zu Kunden entwickelt, die über mich eine oder sogar mehrere Immobilien gekauft haben.

> **Mein Tipp:**
> *Versuche immer, mit deinen Kunden Gemeinsamkeiten zu finden! So sprecht ihr dieselbe Sprache, es schafft eine gute Vertrauensbasis und macht euch beim Kunden von Beginn an sympathisch.*

Grundsätzlich ist es notwendig zu verstehen, dass das gesamte Leben Verkaufen bedeutet.
Wir verkaufen uns tagtäglich von morgens bis abends, und durch unser Auftreten entscheiden wir selbst, wie wir wahrgenommen werden. Fundamental dabei ist, dass wir authentisch sind und es nicht aufgesetzt wirkt.

Ganz wichtig:
Macht auf euch aufmerksam, sei es auf euren Social-Media-Profilen, auf Veranstaltungen jeglicher Art (erweitert konstant euer Netzwerk, am besten täglich) oder im Umgang mit euren Kunden. Ihr könnt nicht immer das Gleiche tun und jedes Mal ein anderes Ergebnis erwarten. Das wäre Wahnsinn, also laut Albert Einstein. Seid einfallsreich und anders als eure Maklerkollegen. Versucht euch stets abzuheben, denn wer mit der Masse mitschwimmt, geht mit der Masse unter. Fallt also auf, aber bitte auf eine gut durchdachte und seriöse Art und Weise, denn es liegt ausschließlich an dir und deiner Einstellung, ob du **wie ein Champion** *oder wie ein Clown auf andere wirkst!*

Kapitel 2

Meine ersten Schritte auf Mallorca

Nach meinem Studium in Hamburg, das ich erfolgreich mit dem Titel Bachelor of Arts abgeschlossen habe, hatte ich dort und auf Sylt bei einem der größten Immobilien-Dienstleister der Stadt ein Praktikum absolviert.

Mich hat die Branche immer schon interessiert und auch fasziniert, obwohl ich mich ursprünglich eigentlich auf Eventmanagement spezialisieren wollte.

Ich bin also das, was man einen klassischen Quereinsteiger nennt.

Aber weiter im Text:

Nachdem die Zeit meines Praktikums in Hamburg und auf Sylt um war, hätte ich die Möglichkeit bekommen, für dasselbe Unternehmen zu arbeiten. Ich sollte aber vorher noch ein paar Monate ins Ausland gehen und weitere Erfahrungswerte sammeln, sodass ich dann mit neuen Erkenntnissen vorerst in der Vermietung durchstarten könnte, bevor es in den Vertrieb gehen sollte.

Aber wo könnte ich das machen? Also fragte ich erst einmal meine Eltern, ob diese vielleicht eine Idee für mich hätten.

Meine Mutter ist damals in der Welt am Sonntag, im Immobilienteil, immer wieder bei einer Firma „kleben geblieben" und sagte zu mir: „Schau mal, was hältst du eigentlich von Mallorca und diesem Unternehmen!? Wäre das vielleicht eine Option für dich?"

Na ja, eigentlich wollte ich ein bisschen weiter weg. Am liebsten in die Vereinigten Staaten wie beispielsweise New York, was bis zu diesem Zeitpunkt auch eine Überlegung von mir war.

Aber gut, und somit schaute ich mir das Unternehmen im Internet einmal an und hatte gleich ein sehr gutes Bauchgefühl!

Mallorca, ich habe schon so viel davon gehört, dachte ich mir. Nur kannte ich die Insel überhaupt nicht und sprach auch kein Spanisch. Letztendlich sagte ich mir aber: *No risk, no fun, einfach mal bewerben. Könnte ja gut werden und im allerschlimmsten Fall habe ich eine neue Insel kennengelernt sowie zahlreiche Erkenntnisse erlangt. Und sollte es richtiger Mist sein, dann bin ich auch schnell wieder in der Heimat!*

Ich schrieb also eine Bewerbung mit Lebenslauf für ein zweimonatiges Praktikum an das Unternehmen.

Kurze Zeit darauf erhielt ich auch schon eine positive Antwort. Die rechte Hand des Firmeninhabers antwortete mir und sagte, dass ich gerne in deren Büro in Puerto Portals am 15. August 2011 ein Praktikum anfangen könne. Yes, das lief ja super, sagte ich mir.

Ich war voller Vorfreude und konnte es kaum erwarten. Und so bin ich dann bereits eine Woche bevor das Praktikum losging nach Mallorca geflogen. Vorab habe ich mir die eindrucksvolle Umgebung angeschaut, die wunderschöne Altstadt von Palma erlebt und das Sommerflair der Insel genossen. Ich hatte mir natürlich von zu Hause aus „Hotspots" und Sehenswürdigkeiten von Mallorca im Internet angeschaut, aber Fotos können oftmals nicht die Realität widerspiegeln sowie Gefühle transportieren. Ich war beeindruckt und in die Insel schockverliebt. Es hat sich einfach richtig angefühlt, dort „gelandet" zu sein. Das Wochenende vor meinem Praktikumsbeginn fuhr ich nach Puerto Portals, um mir auch dort einen ersten Eindruck zu verschaffen. Ich war ein bisschen nervös, da ich vorhatte, mich schon einmal im Büro vorzustellen. Wer sind die Leute, die in solch einer gefragten Gegend Immobilien verkaufen? Wie sind die wohl drauf und wie würden sie mich im Team aufnehmen? Diese Fragen gingen mir zu diesem Zeitpunkt durch den Kopf.

Angekommen im Yachthafen, dachte ich nur: *Wow, wie geil ist das denn hier bitte!?*

Es war gegen 18.00 Uhr, Puerto Portals war gut besucht, die Restaurants gefüllt und diese positive Atmosphäre hat mich total geflashed. Dann sah ich „mein" Office, das in keiner besseren Lage hätte liegen können.

In dem hellen Büro war die Eingangstür geöffnet, und ich sah dort zwei Leute sitzen. Zum einen war das der Büroleiter und zum anderen die damalige Teamassistentin. *Ok, auf geht's!*

Je mehr ich mich dem Büro näherte, desto schneller pochte mein Herz, und ich konnte es kaum abwarten, mich vorzustellen.

„Guten Abend, Oliver Steinmetz. Ich bin Ihr Praktikant für die nächsten zwei Monate." Ich glaube, dass dies meine ersten Sätze waren, als ich das Büro betrat.

Die Begrüßung war sehr freundlich und nach etwas „small talk" mit dem Büroleiter, der ebenfalls aus Hamburg kam, verabschiedete ich mich wieder bei ihm sowie der Teamassistentin.

Im Anschluss dachte mir noch, *wenn das restliche Team genauso nett ist, wird das ganz bestimmt eine super Zeit werden.*

Am darauffolgenden Montag bin ich also positiv gestimmt, pünktlich um 10.00 Uhr, ins Büro gekommen. Der Büroleiter und die Teamassistentin waren bereits vor Ort, und nach einer kurzen Begrüßung wurde mir mein Schreibtisch gezeigt, sodass ich eine Einweisung in das Betriebsprogramm erhalten konnte.

Nach und nach kamen auch die anderen Kollegen ins Büro. Dabei handelte es sich um zwei Herren, einer davon war ein Spanier und der andere ein Deutscher, sowie eine Dame, ebenfalls mit spanischer Nationalität.

Die Begrüßungen waren allesamt irgendwie etwas sonderlich. Ich hatte das Gefühl, als gäbe es zwischen den Kollegen keinen Team-Spirit und dass ich leider nicht als „Kollege" angesehen wurde, sondern eher als Konkurrent, der in dem Büro nichts verloren hätte. Jeder der Verkäufer im Team war mindestens doppelt so alt wie ich, und für mich fehlte die Dynamik. Aber am Altersunterschied lag das nicht.

*Ich bin wohl im **Haifischbecken** gelandet, in dem keiner dem anderen etwas gönnt.* Das dachte ich mir an meinem ersten Praktikumstag, und dies sollte sich auch so bestätigen.

Bloß nicht kooperieren, alles meins, und besonders „kollegial" war es natürlich, wenn Daten von Eigentümern und Immobilien nicht vollständig ins System eingepflegt wurden, weil „vergessen". Ganz nach dem Motto: „Nur ich darf diese Immobilie verkaufen und kein anderer."

So hat sich auch keiner von den Kollegen in den ersten Tagen überhaupt einmal bemüht, mit mir eine Konversation zu führen, oder mir etwas über den Immobilienmarkt und unser Verkaufsgebiet zu erzählen. Jeder war ausschließlich mit sich selbst beschäftigt.

Gemeinsames Wachstum und Teamplay: Fehlanzeige!

Meines Erachtens sind dies aber Grundvoraussetzungen, auch für den eigenen Erfolg innerhalb eines Unternehmens.

So klappt das nicht, eine derartige Performance ist alles andere als zielführend. Das sagte ich mir damals mit meinen jungen 24 Jahren, und so konnte ich mich, als es dann später in den Vertrieb gehen sollte, durch mein Mindset und meine Arbeitsweise abheben und bereits nach kürzester Zeit erste Erfolge feiern. Zum Missfallen einiger meiner damaligen Kollegen, nehme ich an.

Mein Leben lang habe ich Mannschaftssport betrieben und kannte diese Einzelkämpfer-Mentalität nicht.

Diese „Scheuklappen-"Erfahrungen hatte ich allerdings nicht nur bei uns im Team gemacht. Auch einige Kollegen von anderen Firmen waren ähnlich gepolt.

Viele von euch Maklern kennen ganz bestimmt ebenfalls das Thema der Missgunst anderer Verkäufer euch gegenüber. Firmen-extern versteht sich dabei natürlich von selbst. Oftmals versuchen unsere „Kollegen", um jeden Preis in Deals reinzugrätschen. Ich glaube, damit hat wohl jeder Immobilienmakler auf der Insel und überall auf der Welt bereits seine Erfahrungen gesammelt.

Damit musst du halt in einem **Haifischbecken** immer wieder rechnen und es akzeptieren.

Deshalb solltest du deine potentiellen Verkäufe in der „heißen" Phase, also sprich nach einer Preiseinigung, immer für dich behalten. Erzähle maximal deinem Büroleiter oder dem Firmeninhaber davon. So etwas macht in unseren Kreisen nämlich schneller die Runde, als dir lieb ist, und das könnte fatale Folgen für deinen Deal haben!

Aber gehen wir der Reihenfolge nach vor.

Zum Glück waren nicht alle im Team so, und schon gar nicht mein ehemaliger Büroleiter. Der war echt klasse und „totally open minded". Er bestellte mich in sein Büro und wir sprachen über meine Aufgaben, und darüber, was ich alles für das Unternehmen tun könne.

Zuallererst sollte ich auf den Internetseiten unserer Mitbewerber nach Immobilien in unserem Einzugsgebiet schauen, die wir nicht im Angebot hatten. Daraufhin sollte ich eine Liste erstellen und versuchen, diese Objekte ausfindig zu machen, sodass wir diese in unser Portfolio aufnehmen konnten.

Eine ziemlich anspruchsvolle Aufgabe, wenn man die Lage und das eigene Portfolio nicht kennt. Es dauerte eine Weile, aber letztendlich erledigte ich diese Aufgabe mit Bravour.

Für meinen späteren Werdegang hat mir das sehr geholfen, denn so habe ich nicht nur die einzelnen Regionen in meinem Verkaufsgebiet ausgiebig kennengelernt, nein, ich habe auch gelernt, wie ich am effektivsten Häuser, die ich aufnehmen möchte, auf Google Maps ausfindig mache. Das ist zeitweise Detektivarbeit, die wir leisten, aber diese Arbeit kann sich eben auch gut rentieren.

> **Kleiner Tipp:**
> *Wenn du in etwa die Lage der Immobilie kennst und du den Suchradius eingrenzen kannst, dann schaue dir auf den Fotos die Form des Pools an. Das ist eine sehr gute Orientierungsmöglichkeit, denn in fast allen Fällen sind die Formen und Größen der Pools unterschiedlich. In der Regel klappt das mit Leichtigkeit. Probiere es aus, und du wirst feststellen, wie gut dies funktioniert.*

Wie geht man dann vor, sobald man die gesuchte Immobilie ausfindig gemacht hat?

Da gibt es mehrere Optionen:

An der Tür klingeln und hoffen, dass der Eigentümer vor Ort ist

Bloß nicht scheu sein und es erst mal auf diesem Weg probieren, auch zu unterschiedlichen Tageszeiten, solltest du nicht auf Anhieb Erfolg haben. Überlege dir vorab ganz genau, wie du dich präsentierst, sodass auch du gute Chancen hast, die Immobilie in dein Programm zu bekommen. Genau das ist ebenso Verkauf. Du verkaufst dich und dein Unternehmen. Hast du, wie im vorherigen Kapitel beschrieben, ein gutes Auftreten und dir die richtigen Argumente überlegt, warum du die Immobilie in den Verkauf bekommen solltest, dann ist es sehr wahrscheinlich, dass du, nach dem Gespräch mit dem Eigentümer, deinen Kunden ein neues Produkt anbieten kannst.

Wenn du die Immobilie dann im Programm hast, solltest du unbedingt den Eigentümer fragen, ob du ein Verkaufsschild an seiner Liegenschaft anbringen darfst. Darauf gibt es erfahrungsgemäß positive Resonanz von Interessenten und zudem ist das auch eine gute Art der Werbung für die eigene Firma.

Schauen, ob ein Namensschild am Briefkasten steht

Solltest du den Namen des Eigentümers am Briefkasten stehen sehen, dann würde ich zuerst einmal in der eigenen Datenbank schauen, ob dieser zufällig bei euch gelistet ist. Das ist gar nicht so abwegig, denn viele Eigentümer haben auch erst einmal eine Immobilie gesucht, bevor sie diese erworben haben. Vielleicht damals auch bei „deiner" Firma. Sollte dem nicht so sein, dann schlage ich vor, den Namen zu googeln, auch in Verbindung mit Mallorca selbstverständlich. Schaue zudem auf den sozialen Netzwerken, solltest du auf Anhieb nicht fündig werden. Auf diese Weise konnte ich ebenso mit einigen Eigentümern in Austausch treten und erfolgreich deren Immobilien listen.

Den Nachbarn oder den Gärtner fragen

„If you don't ask, you don't get!" Wenn du gerade zufällig den Nachbarn triffst, dann würde ich diesen direkt ansprechen, ob er den Eigentümer von nebenan kennt, und ob er dir freundlicherweise dessen Kontakt geben kann. In vielen Fällen geben dir die Nachbarn aber keine Auskunft dazu. Was du dann immer probieren solltest, ist, zu fragen, ob er sich bitte mit dem Eigentümer in Verbindung setzen kann, um dem Herrn oder der Dame deine Kontaktdaten zu übermitteln. Halte also immer deine Visitenkarte bereit. Wenn du Glück hast, meldet sich der Eigentümer bei dir, worauf du dich aber nicht verlassen kannst. Also solltest du es zeitgleich auch einmal beim Gärtner versuchen, wenn dieser gerade am Haus ist. Gleiches Prozedere wie mit dem Nachbarn, nur hier würde ich dem Gärtner noch einen Anreiz anbieten, in Form von einer Provision im Erfolgsfall. Das ist auf Mallorca nicht unüblich, und bei mir hat es das ein oder andere Mal auf diesem Wege geklappt, den Kontakt zum Eigentümer direkt zu erhalten.

Und wer weiß, vielleicht arbeitet der Gärtner auch für andere Eigentümer, die ihr Haus verkaufen möchten …

Eine handgeschriebene Karte in den Briefkasten werfen

Tagtäglich werden die Briefkästen der Eigentümer mit sogenannten „Mailings" von Immobilienagenturen regelrecht „gesprengt". Es gibt einfach zu viele Unternehmen, die alle auf eine ähnliche Weise versuchen, Immobilien in ihr Portfolio aufzunehmen. Die meisten Werbebriefe sehen ziemlich identisch aus und landen deshalb auch direkt im Müll.

Du musst dir also etwas einfallen lassen, wie du die Aufmerksamkeit des Eigentümers bekommst, sodass sich dieser bei dir meldet. Dazu habe ich eine mögliche Idee für dich: Verfasse einen handgeschriebenen Brief, am besten dreisprachig. Du sollst natürlich keinen Roman schreiben, sondern einen kurzen Dreizeiler: „Guten Tag lieber Herr Eigentümer, bitte rufen Sie mich zurück. Vielen Dank und herzliche Grüße." Ich habe auf meine Mailings immer noch einen kleinen Smiley gemalt, denn auch einen Smiley zu sehen, hat immer eine positive Wirkung. Die Wahrscheinlichkeit, dass Eigentümer überhaupt auf Anschreiben reagieren, ist gering, aber wenn es eine positive Reaktion gibt, dann eher auf handgeschriebene Briefe als auf langweilige Flyer. Also bei mir hat sich dieser Aufwand jedenfalls mehrfach gelohnt, um neue Immobilien für unser Portfolio zu generieren.

Worauf würdest du denn eher reagieren, auf einen Standard-Werbe-Flyer oder auf eine handgeschriebene Karte mit Smiley? Die Antwort kennen wir beide.

Ist doch auch klar. Wenn sich jemand die Mühe macht, dir einen handgeschriebenen Brief mit Rückrufbitte in den Briefkasten zu werfen, rufst du doch zumindest einmal an und bringst in Erfahrung, was diese Person von dir möchte. Auch wirkt ein handgeschriebener Brief besonders und viel persönlicher als ein 0815-Flyer, der in jedem anderen Briefkasten in der gesamten Nachbarschaft landet.

Bei Wohnanlagen ist das natürlich etwas anderes. In größeren Komplexen mit vielen Einheiten habe ich ebenso auf „Standard-Flyer-Marketing" zurückgegriffen.

Wie auch immer, jedenfalls waren wir auch bei klassischer Flyer-Werbung anders. Jede Firma geht zwar unterschiedlich vor, aber die Texte und die Layouts ähneln sich doch jeweils stark. Bei einem Unternehmen, bei dem ich als Managing Partner tätig gewesen bin, haben wir uns deshalb etwas Besonderes einfallen lassen. Da unser Firmenlogo rundlich gewesen ist, haben wir uns überlegt, dass unsere „Flyer" zu unserem Logo eine Wiedererkennung haben sollten.

Wie könnte das aussehen? Vielleicht wie ein Bierdeckel?

Und so kamen wir zu der Überlegung, diese mit unserer Werbung bedrucken zu lassen.

Bierdeckel, ernsthaft?, denkst du wahrscheinlich gerade. Ja, ernsthaft! Wer machte vor uns denn so etwas? Erstens hat die Form sehr gut zu unserem Logo gepasst und zweitens hat noch kein Eigentümer vorher einen Bierdeckel einer Immobilienfirma im Briefkasten gehabt. Das erregte beim Eigentümer Aufmerksamkeit und Interesse. Getreu dem Motto: Keep it short and simple, haben wir den Bierdeckel dann konzipiert. Auf der einen Seite hatten wir einfach nur unser Logo und auf der anderen Seite hatten wir stehen: Sell? Buy? Invest/Renovate? CALL YOUR EXPERTS! Darunter einen QR-Code zu unserer Website und unsere Kontaktdaten. Alles optisch „clean and simple" gehalten.

Es hat nicht lange gedauert, bis uns unsere Mitbewerber kopiert hatten. Das war für uns die Bestätigung, dass wir damit wohl eine sehr gute Idee hatten.

Ich sehe öfter mal Bierdeckel von anderen Maklerfirmen, aber anstatt mich über deren Einfallslosigkeit zu wundern, muss ich viel mehr darüber schmunzeln!

Spannend, wie sich das alles so entwickelt hat.

Aber kommen wir nun zu weiteren Aufgaben, die ich als Praktikant zu erledigen hatte:

Auch hatte ich dafür Sorge zu tragen, dass die Exposés vor unserem Büro immer „up to date" waren. Bei Preisänderungen oder bei Neuaufnahmen musste stets ein Austausch vorgenommen werden, sodass sich potentielle Kunden bereits von außen einen ersten Eindruck über unsere aktuellen Angebote verschaffen konnten.

Exposés erstellen war eine Aufgabe, mit der ich öfter beschäftigt gewesen bin. Dabei musste ich auch erst einmal den gesamten Prozess durchlaufen. Eine Immobilie muss man selbst gesehen haben, um diese entsprechend beschreiben zu können, und um alle relevanten Angaben für das Exposé aufzunehmen.

Das lernte ich schnell, denn mein ehemaliger Büroleiter hatte mich in meiner Praktikumszeit öfter zu Objektaufnahmen mitgenommen und mir das Prozedere dadurch nahegebracht.

Welche Angaben zu der Immobilie sind essentiell für uns respektive für unsere Interessenten? Was ist die Verkaufsmotivation der Eigentümer? Und vieles mehr. Einfach alles Wissenswerte, was wir kennen müssen, um kompetent für die Käuferseite zu wirken.

Bei einer Objektaufnahme hat ein guter Makler in der Regel einen Aufnahmebogen dabei, mit allen relevanten Fragen zum Objekt und zum Eigentümer, um nichts zu vergessen. Denn es wirkt auf den Kunden ziemlich inkompetent, wenn Fragen zu einer Immobilie mit „weiß ich nicht" beantwortet werden. Meine Empfehlung dazu ist, dann eher zu sagen: „Das bringe ich für Sie schnellstmöglich in Erfahrung."

Du würdest überrascht sein, wie planlos der eine oder andere Makler auf ganz simple Fragen reagiert, wenn ich diese bei einer Besichtigung stelle. Das fängt an bei der Frage: „Wie viel Quadratmeter Wohnfläche haben wir denn hier?" und endet bei der Frage: „Wie hoch sind eigentlich die monatlichen Gemeinschaftskosten?" (bei einer Wohnung) Sehr beliebt ist da bei einigen Kollegen die Ausrede: „Diese Information steht auf meinem Datenblatt, und das habe ich im Büro vergessen." Wie schlecht kann man eigentlich auf einen Termin vorbereitet sein!? Leider ist das ernsthaft die traurige Realität bei dem einen oder anderen „Makler" …

Wie auch immer, die erhaltenen Daten waren dann „meine Munition", um Exposés zu erstellen. Gut, die Fotos hat natürlich ein professioneller Fotograf für uns gemacht und die Reihenfolge war vorgegeben, aber ich durfte immerhin die einzelnen Bilder selektieren. Es war dann ein gutes Gefühl, meine ersten Exposés mit meinen eigenen Texten auf unserer Website online zu sehen.

Gehen wir kurz auf das Thema Fotografie ein:

Ich persönlich finde Fotografie sehr interessant, und deshalb war es für mich immer spannend, unserem damaligen Fotografen bei der Arbeit zuzusehen.

Aus welchen Winkeln werden Fotos der Räume aufgenommen, auf welcher Höhe wird die Kamera positioniert und worauf gilt es grundsätzlich zu achten?

Wahrscheinlich könnte ich mit meinem heutigen Wissen ebenfalls sehr gute Immobilienfotos machen, aber mir liegen Fotobearbeitungsprogramme am Computer nicht, denn dafür habe ich einfach zu wenig Geduld. Somit gebe ich das lieber an professionelle Fotografen ab.

Ein Tipp:
Wenn du etwas nicht so gut kannst, dann überlasse das den Personen, die dich dahingehend unterstützen können. Du musst dich stets auf das konzentrieren beziehungsweise fokussieren, was du kannst und dort deine Zeit und Kraft investieren.

Ganz wichtig: Die Fotos müssen hochwertig sein und eine entsprechende Qualität aufweisen. Die Produkte, die wir anbieten, sind hochpreisige Immobilien und entsprechend muss auch die Präsentation ausfallen. Fotos sind der erste Eindruck, den ein potentieller Kunde von einer Immobilie bekommt, wenn er sich diese auf der Website oder auf einem Immobilienportal anschaut. Fotos entscheiden darüber, ob der Interessent eine Anfrage für die Liegenschaft stellt oder ob er es sein lässt. Zudem sollte der Text noch „knackig" geschrieben sein, was aber eher nebensächlich ist, denn dem Kunden geht es eher um die Optik. Worauf es neben guten Fotos noch ankommt, sodass Interessenten über deine Website Anfragen stellen, erfahrt ihr in Kapitel sieben.

Das waren die Hauptaufgaben meines Praktikums. Es wurde mir also nie langweilig, und dank meines ehemaligen Büroleiters habe ich einiges Essentielles für die Branche lernen dürfen.

Direkter Immobilienverkauf als Praktikant stand nicht zur Debatte, und somit ging es in meinem Aufgabenbereich primär um Objektaufnahme und Exposé-Erstellung. Ich habe zu der Zeit wirklich sehr viele Flyer verteilt, fast täglich, was meiner Ortskenntnis zu Gute kam. Aber auch das ist eine Grundsäule für unser Business, denn ohne gute Immobilien im Portfolio und ohne eine entsprechende Präsentation ist es unmöglich, erfolgreich im Immobilienverkauf zu sein.

Du musst also stets in Bewegung bleiben und tagtäglich durch dein Verkaufsgebiet fahren und die Augen offenhalten. Vielleicht entscheidet sich heute ein Eigentümer dazu, verkaufen zu wollen und hängt ein „Se Vende"-Schild an seine Immobilie, oder der Eigentümer, den du gestern an seinem Haus nicht angetroffen hast, ist heute vor Ort, oder, oder, oder.

Als sich mein Praktikum dann dem Ende näherte, saß ich eines Nachmittages mit meinem Büroleiter zusammen und wir tauschten uns über meine Erfahrungen als Praktikant aus. Aus dem Gespräch hatte sich ergeben, dass er mit mir und meiner Arbeit sehr zufrieden gewesen war und mir auf meinem weiteren Werdegang als Immobilienmakler in Hamburg viel Erfolg wünschte.

Aber wollte ich eigentlich wieder zurück nach Deutschland? Eigentlich nicht, denn es hat mir auf Mallorca so gut gefallen, dass ich überhaupt keine Lust hatte, zurück nach Deutschland zu gehen. *Beschissenes Wetter, meist schlecht gelaunte Menschen um einen herum und wieder mit einem Anzug im Büro sitzen, wie das damals halt so üblich gewesen ist,* dachte ich mir. Nein danke!

Das ist auch das Schöne daran, in einem Zweitwohnsitzmarkt Immobilien zu verkaufen. Es ist alles lockerer und unsere Kunden sind viel entspannter drauf. Wer bei uns als Makler mit einem Anzug rumläuft, ist völlig fehl am Platz. Keiner unserer Kunden hat Lust, von so einem Verkäufer bei seiner Immobiliensuche unterstützt zu werden. Sei authentisch und verkaufe den Insel-Lifestyle, den unsere Kunden lieben und mit dem sich diese identifizieren. Damit meine ich nicht, dass du als Makler mit Badeshorts, T-Shirt und Flip-Flops rumlaufen sollst, natürlich nicht, aber eben auch nicht im unbequemen Anzug. Getreu dem Motto: Relaxed Elegance.

Wie dem auch sei. Der Büroleiter spürte wohl förmlich, dass ich „Blut geleckt" hatte, und wie sehr ich mir wünschte, auf Mallorca zu bleiben, um als Immobilienmakler durchzustarten, und so sollte es dann sein. Am nächsten Tag rief er mich in sein Büro:

„Oliver, kommst du mal zu mir."

Ich fragte mich, was wohl los sei.

„Bitte setz dich und mach die Tür zu."

Habe ich etwa Scheiße gebaut und unwissentlich jemanden verärgert? Da dachte ich wirklich, dass ich irgendetwas falsch gemacht hätte.

„Ich habe gestern nachgedacht. Es macht doch eigentlich keinen Sinn, dass du jetzt wieder zurück nach Deutschland gehst, oder? Hast du Lust, bei uns im Verkauf anzufangen?"

Jackpot! Ich musste überhaupt nicht lange darüber nachdenken und freute mich auf ein neues Lebenskapitel mit zahlreichen Herausforderungen (in diesem Moment wusste ich noch nicht, dass ich schon relativ zeitnah mental an meine Grenzen stoßen sollte).

Nachdem ich mit meinen Eltern darüber gesprochen hatte, die mich natürlich lieber etwas näher bei sich gehabt hätten, mir diesen Schritt aber von ganzem Herzen gönnten, ist eine definitive Entscheidung gefallen. Meine Eltern wussten, wie ernst es mir gewesen ist und wie sehr ich auf Mallorca Karriere machen wollte.

Also ging ich am nächsten Tag zu meinem Büroleiter, bedankte mich für diese Chance und wir sprachen über das weitere

Prozedere für mich innerhalb der Firma, als damals jüngster Vertriebler des Unternehmens zu beginnen.

So, und da war ich nun, erst ein kleiner Fisch, gelandet im riesigen **Haifischbecken**, der sich aber über die Jahre, durch die richtige Einstellung und den entscheidenden Willen, zu einem erfolgreichen weißen Hai entwickelt hat.

Einige meiner ehemaligen Kollegen um mich herum wurden auf diesem Weg nach und nach verdrängt, aber nicht, weil ich das bewusst wollte, sondern weil deren Einstellung sie daran gehindert hat, zu wachsen.

Ganz simpel.

Ich glaube, dass es auch einige geärgert hat, dass ich relativ schnell erste Abschlüsse gefeiert habe und gegönnt wurde mir das bestimmt nicht. Vielleicht unterstelle ich da jemandem auch etwas, aber es ist durchaus denkbar, dass es so war. Ich habe mich aber niemals aus der Bahn bringen lassen und war voll „im Tunnel" mit Vollgas unterwegs.

Kurzer Ausflug: Ich habe in meiner ersten Wohnung hier auf Mallorca von jeder Immobilie, die ich verkauft habe, die Titelseite des Exposés mit dem Hauptfoto ausgedruckt und mir seitlich an meinen Kühlschrank gehängt. Das war ein recht großer, ein amerikanisches Modell. So habe ich tagtäglich mit einem positiven Gefühl in den Tag gestartet, denn ich wurde ja rund um die Uhr, also immer, wenn ich in meiner Wohnung gewesen bin, damit „konfrontiert". Das gab mir noch mehr Elan, um Gas zu geben, denn ich wollte immer mehr „Trophäen" haben. Irgendwann war der Kühlschrank dann so voll mit Immobilien, und als kein Platz mehr da war, habe ich diese einfach übereinander mit einzelnen Magneten zusammengepinnt.

Mein allererster Verkauf war übrigens ein Apartment in derselben Wohnanlage in Bendinat, in der ich später auch der Dame aus meinen „cold callings" eine Immobilie verkauft hatte.

Das hört sich wieder so locker an, aber die Eigentümer dieser Wohnung haben mir das Leben zur Hölle gemacht. Andauernd schlecht gelaunt und am Telefon ziemlich beleidigend, so als hätten sie einfach alles und jeden auf der Welt gehasst. Denen muss etwas ganz Schlimmes passiert sein, oder vielleicht ist bei den beiden in der Kindheit etwas gravierend schiefgelaufen, denn so verhält sich kein normaler Mensch anderen gegenüber. Auch einige Kollegen von mir hatten mit den beiden sehr ähnliche Erfahrungen gesammelt, als es alleine nur darum ging, Besichtigungstermine in deren Wohnung zu organisieren.

Jetzt stellt euch mal vor, ihr hättet sogar öfter am Tag das Vergnügen gehabt, mit dieser speziellen Gattung von Menschen zu telefonieren. Das war keine Freude, sage ich euch. Ich war echt happy und dankbar, als der Verkauf dann ohne größere Probleme beim Notar über die Bühne gegangen ist. Bedankt oder richtig verabschiedet haben die beiden sich auch nicht, und sind nach der Beurkundung kopfschüttelnd aus dem Notariat gegangen. Das Einzige, was ich noch gehört habe, war, dass die beiden über Mallorca fluchten, wie scheiße doch alles sei, und dass sie nie wieder auf die Insel kommen werden. *Damit tut ihr uns allen einen sehr großen Gefallen,* dachte ich mir noch, als ich den beiden Miesmachern gut gelaunt und mit einem imaginären Mittelfinger lächelnd hinterherschaute.

Eigentlich hätten die viel freundlicher mir gegenüber sein sollen, denn schließlich habe ich denen einen seriösen Käufer für deren Wohnung gebracht, die auch schon eine ganze Weile auf dem Markt gewesen war.

Na ja, jedenfalls habe ich durch meinen ersten Deal sehr viel gelernt und wie heißt es doch so schön: Leicht kann jeder!

Der Käufer allerdings war ein sehr netter Herr aus Deutschland, der eines Abends ins Büro kam, an dem ich „Dienst" hatte.

Da wir die beste und zentralste Lage für ein Immobilienbüro in Puerto Portals hatten, an dem so gut wie jeder Besucher des Hafens entlang spaziert ist, hatten wir entsprechend auch noch bis spät abends die Türen geöffnet. Das hieß, dass einer von uns Verkäufern jeden Abend, also von Montag bis Sonntag, bis 22.00 Uhr im Büro sein musste. Zumindest in der Hauptsaison war das so. Kaufinteressenten befinden sich zu jeder Tageszeit im Hafen, diese Erfahrung habe ich ja selbst machen dürfen.

Es kam allerdings nicht häufig vor, dass sogenannte „walk ins" gekauft haben, denn die meisten Kaufanfragen kamen über das Internet. Was jedoch häufig vorkam, war, dass Eigentümer, die eine Immobilie zu verkaufen hatten, direkt zu uns kamen. Quasi jeder Eigner, der eine Liegenschaft im Hafen besaß, kam in unser Büro. Das lag zum einem bestimmt an der privilegierten Lage, aber zum anderen auch an dem Namen, denn die Firma hatte einen sehr hohen Bekanntheitsgrad und zählte schon damals zu den ersten namhaften Immobilienbüros der Insel.

Ich kann mich nicht entsinnen, wie viele Abende ich bis 22.00 Uhr im Büro saß, an denen keine ernsthaften Kaufinteressenten ins Büro kamen. Allerdings kam es öfter vor, dass „Kunden", bei denen angebliches Interesse vorhanden gewesen war, nach dem Abendessen mit ein bis zwei Flaschen Wein intus ins Büro hereintraten. Das war teilweise echt mühsam, denn ich konnte diese Herrschaften ja nicht einfach hinauswerfen wie ein Türsteher vor einem Club und sagen: „Tut mir leid, das wird hier heute nichts, versuchen Sie es bitte morgen wieder." Also habe ich zugehört, mir meine Notizen gemacht und am nächsten Tag nachgefasst. Dabei hatte ich oftmals dann das Gefühl, dass, sobald beim Kunden die Weinlaune wieder verflogen war, seine „Kaufabsicht" wohl gleich mitverschwunden ist.

Aber bei mir hat es sich zumindest gelohnt. Außerdem hatte ich nie ein Problem damit, bis spät abends im Büro zu sein, denn wer von uns „Spätschicht" gehabt hat, musste auch erst um 14.00 Uhr am nächsten Tag wieder im Office sein und konnte somit morgens beispielsweise auch mal an den Strand gehen und ganz entspannt in den Tag starten.

Wie lang war ich eigentlich für dieses Immobilien-Unternehmen tätig?

Letztendlich bin ich dreieinhalb Jahre in der Firma geblieben und habe viele positive, wie auch weniger positive Erfahrungen sammeln dürfen. Das ist ganz normal und auch gut so, denn daraus ergibt sich persönliches Wachstum. *Unser Immobiliengeschäft ist vergleichbar mit dem Aktienmarkt, oder besser noch mit Aktienkursen. Diese sind volatil, sprich ebenso Schwankungen und Ereignissen ausgesetzt, die wir nicht vorhersehen oder gar beeinflussen können.*

In dieser Zeit habe ich viele Kollegen kommen und gehen sehen. Mit einigen davon bin ich sogar noch heute in Kontakt. Ab und zu läuft man dem einen oder anderen auch zufälligerweise mal über den Weg und tauscht sich ein bisschen aus. Da finde ich immer recht interessant zu hören, was es für Neuigkeiten gibt. Mallorca ist eben ein kleines Dorf und gerade deshalb ist es sehr wichtig, dass du dich stets korrekt verhältst.

Ein Tipp:
Achte immer auf einen guten Ruf. Diesen muss man sich natürlich hart erarbeiten und auch verdienen, was viel Zeit in Anspruch nimmt. Pass also auf, dass du dir diesen durch ein mögliches Fehlverhalten in unserer Branche nicht zerstörst.

Damals bin ich ins eiskalte Wasser geworfen worden und habe mir viele meiner Verkaufs-Skills somit von ganz alleine angeeignet. Einfach machen! Das ist noch immer die beste Schule. Ganz egal, ob dabei Fehler gemacht werden.

Durch diese Einstellung kenne ich heute jeden einzelnen Prozess bis ins kleinste Detail, und weiß somit genau, was im Gesamtpaket wichtig ist, um in der Branche voranzukommen.

Aber wie auch immer, ich bin für diese erfahrungsreiche Zeit sehr dankbar. Vor allem meinem ehemaligen Büroleiter gegenüber, der Chefassistenz, einigen Kollegen aus „meinem" ehemaligen Team und auch aus anderen Büros, mit denen ich firmenintern erfolgreich kooperiert habe, sowie dem Firmeninhaber selbst. Nicht jeder kam mit dem Herrn so gut klar, wie ich es tat. Ich mochte ihn und mir gegenüber hat er sich immer korrekt und fair verhalten! Ganz egal, was andere über ihn sagen.

Das Team, mit dem ich gestartet bin, war nach circa einem halben Jahr ein komplett anderes, einschließlich des Büroleiters, der dann einen anderen Weg eingeschlagen hat. Das kam damals sehr überraschend für mich und ich musste diese Mitteilung auch erst einmal „verdauen". Aber so ist das, überall auf der Welt gibt es konstant Veränderung, was durchaus positiv ist. Denn jede Veränderung bringt auch wieder neue Möglichkeiten mit sich.

Wie heißt es doch so schön: Nichts ist so beständig wie der Wandel.

Kapitel 3

Bin ich hier eigentlich im Irrenhaus?

An wen bin ich da denn bloß geraten!?

Nachdem ich nach und nach alle Kollegen aus unseren einzelnen Büros kennengelernt habe und ich eine gewisse Routine bei meiner neuen Tätigkeit hatte, fing ich an, meine ersten Erfahrungen im Immobilienverkauf auf Mallorca zu sammeln.

Ich hatte schon einige Geschichten über sehr spezielle Kunden meiner Kollegen gehört und wusste also, worauf ich mich einstellen durfte. Aber dass es so verrückt werden könnte, habe ich mir dabei beim besten Willen nicht gedacht.

Nach kurzer Zeit hatte ich meine ersten Erfolge gefeiert und eigentlich lief es, bis auf ein paar Ausnahmen, relativ gut. Anfragen wurden abgearbeitet und auch mit meinen „cold callings" kam ich voran.

Dann betrat eines Tages zur Mittagszeit ein neuer „walk in" das Büro. Dabei handelte es sich um einen Herrn schwedischer Herkunft. Eigentlich habe ich kein gutes Namensgedächtnis, aber an seinen Namen kann ich mich noch heute sehr gut erinnern.

Da wir bei potentiellen Kunden, die direkt zu uns ins Büro kamen, eine Rotationsliste für uns Verkäufer hatten, war auch ich irgendwann wieder an der Reihe.

„Oliver, kümmerst du dich bitte um den Herrn?", fragte unsere Teamassistentin.

„Selbstverständlich mache ich das!", antwortete ich.

Ich ging also auf den Herrn zu, wir begrüßten uns freundlich auf Englisch und ich bot ihm an, dass wir uns in unserem Besprechungsraum zusammensetzen, um uns über sein Anliegen auszutauschen.

„Please take a seat. What would you like to drink? How can we support you?", fragte ich ihn der Reihe nach.

Es fing also alles ganz harmlos an und ich hätte niemals in meinem Leben gedacht, dass dieser Kunde der größte Bluff aller Zeiten werden sollte.

Leider ist die Dichte an Hochstaplern auf Mallorca relativ hoch und es kommt vor, dass nicht jeder Immobilien-Interessent es auch wirklich ernst meint. Ich habe da einiges in den ganzen Jahren gehört und auch selbst erlebt, obwohl, mittlerweile spüre ich intuitiv, ob ein Kunde ernsthaftes Interesse hat, oder nicht. Teilweise schon in E-Mails, an der Art und Weise, wie der Interessent schreibt oder sich am Telefon äußert. Wie ist seine Stimmfarbe, wie drückt er sich aus, was erzählt er von sich und welche Fragen stellt er?

> **Kleiner Tipp:**
> *Findest du über den Kunden nichts im Internet und hast ein komisches Bauchgefühl nach einem Telefonat, oder einer Unterhaltung im Büro, dann lass besser die Finger davon. Konzentriere dich lieber auf ernstzunehmende Kaufinteressenten, denn die generieren deinen Umsatz, nicht die Schwätzer.*

Aber weiter im Text.

Wir sprachen also über sein Suchprofil. Er suchte für sich in der City ein Stadthaus.
Es sollte hochwertig saniert worden sein und über einen Spa-Bereich verfügen, inklusive Indoor-Pool. Auch ein PKW-Garagenstellplatz war selbstverständlich ebenso ein Muss. Das Haus sollte über mind. fünf Schlafzimmer verfügen und sich optimalerweise in Altstadtlage befinden.

Er sagte mir, dass er nicht mehr als fünf Millionen Euro ausgeben wolle, er es aber könnte, wenn er denn müsste. Zudem wäre er ein „Cash Buyer", sprich ein Käufer, der nicht zu finanzieren bräuchte und seine Gelder „flüssig" auf der Bank liegen hätte.

So weit klang das doch ganz gut.

Zeitgleich suchte angeblich auch ein Bekannter von ihm eine Penthouse-Wohnung, in Palma Portixol, einem sehr beliebten Stadtteil direkt am Strand in Zentrumsnähe. Erste Meereslinie verstand sich dabei natürlich von selbst. Sein Investitionsvolumen lag angeblich bei vier Millionen Euro.

Boah, was für ein Glück habe ich denn da bitte gehabt, wenn ich die beiden Deals „closen" würde, dann wäre ich der King, dachte ich mir.

Aber während des Gesprächs kam mir der Herr, so wie er von sich erzählt hat, immer suspekter vor. Er sei Multiunternehmer und besaß angeblich Privatflugzeuge, Villen unter anderem in Süd-Frankreich, eine Armada and Sportfahrzeuge und Yachten.

Und was war seine Kaufmotivation?

Da er so viel geschäftlich auf Mallorca zu tun hätte, benötigte er natürlich ein angemessenes Domizil, und das am liebsten im Zentrum von Palma.

Ich ließ mich von seinen ganzen Erzählungen nicht beeindrucken und ich hatte das Gefühl, je weniger ich darauf einging, desto mehr hatte er das Bedürfnis mir zu erzählen, was er angeblich alles besaß, und wie geil er doch war.

Warum hat es jemand nötig, vor einem damals fünfundzwanzigjährigen jungen Mann so anzugeben, fragte ich mich. Wahrscheinlich wollte er mir imponieren, aber das ging nach hinten los wie ein Moonwalk von Michael Jackson, denn meiner Erfahrung nach verhalten sich Interessenten mit viel Geld eher bedeckt und unscheinbar. Gerade die, die es nötig haben, so anzugeben, sind meistens leider nicht ernst zu nehmen.

Wie war er eigentlich gekleidet, fragst du dich vielleicht gerade?

Dunkelblaue Jeans, schwarze Sportschuhe, schwarzer Pullover und ein dunkelbraunes Jackett, welches er bei unseren folgenden Terminen öfter trug.

Sein Kleidungsstil wirkte zumindest nicht unseriös, allerdings sah er nicht sehr gepflegt aus, also seinen Haaren und seinen Fingernägeln nach zu urteilen.

Auch hatte er keine hochwertige Uhr am Handgelenk. Bitte versteht mich richtig, ich möchte an dieser Stelle nicht verpauschalisieren, aber bei einem Herrn dieses Formats, der angeblich so einen Lifestyle lebt, der Villen, mehrere Privatflugzeuge, schnelle Autos und Yachten hat, müsste doch wohl mindestens eine Luxusuhr zu sehen gewesen sein, oder meint ihr nicht!?

Auch das passte für mich nicht ins Bild, welches er mit seinen Worten versucht hat zu malen.

Manchmal sind es nämlich Kleinigkeiten, auf die man achten sollte.

> **Ein ganz wichtiger Tipp:**
> *Wir sind hier auf „sunny" Mallorca. Unsere Kunden suchen in der Regel nach einer Zweitwohnsitz-Immobilie und kleiden sich entsprechend anders als zu Hause im Berufsleben. Da wird der Anzug beiseitegelegt und mit kurzer Hose und Poloshirt getauscht. Ab und an auch mit einem T-Shirt und Flip-Flops. Je legerer ein Kunde manchmal zu einem Besichtigungstermin kommt, desto seriöser ist er oftmals. Lass dich also niemals davon beeinflussen, was der Kunde trägt, aber achte immer auf Details. Was für einen Haarschnitt trägt er, welche Marke hat sein Leihwagen, mit dem er zum Termin kommt, hat er gepflegte Hände, hat er sauberes Schuhwerk, sind die Fingernägel geschnitten, was für eine Uhr trägt der Kunde am Handgelenk?*

Einem Menschen, dem es finanziell gut geht, sieht man den Wohlstand an, egal, was er anhat. Hinzukommt die Art, wie er sich artikuliert, und die Qualität seiner Fragen, die er stellt.

Aber eigentlich solltest du ja bereits vor jeder Besichtigung wissen, wem du die Immobilien zeigst, denn sicherlich hast du den Kunden ja vorab gegoogelt, oder?

Selbstverständlich hatte ich das auch direkt nach seinem Besuch in unserem Büro getan, aber trotzdem wusste ich nicht, wer der Herr war, denn ich habe überhaupt nichts über ihn im Internet gefunden.

Ein Multiunternehmer, über den nichts im Netz stand!?

Eigentlich unmöglich. Aber so war es. Ich habe auch alle gängigen Social-Media-Plattformen durchsucht, und ebenso da nichts gefunden, absolut nichts. Der Mann war wie ein Geist.

Ich hatte von Beginn an kein gutes Bauchgefühl und wollte eigentlich auch keine Zeit und Energie mehr in den Herrn investieren. Aber jemanden, nur weil er angibt und weil es im Internet nichts über ihn zu finden gibt, einfach nicht mehr zu betreuen, ging auch nicht, dachte ich mir. Irgendwie hatte ich noch einen ganz kleinen Funken Hoffnung, dass es doch keine Farce werden sollte.

Somit rief ich die damalige Büroleiterin in Palma an, da diese Region nicht in mein Verkaufsgebiet fiel. Ich erzählte also der Kollegin, dass ich einen Kunden hätte, der sich für ein saniertes Stadthaus in Palma interessieren würde und fragte sie, ob sie mir bitte Vorschläge zukommen lassen kann. Ebenso für seinen Bekannten.

Wenig Zeit später hatte ich die Angebote zusammen und schickte ihm diese via E-Mail zu.

Gehen wir die Geschehnisse chronologisch durch:

Wir hatten ein Stadthaus für ihn rausgesucht, das wie die Faust aufs Auge gepasst hätte. Die Immobilie hatte einfach alles, was er sich vorgestellt hat, und zudem noch Meerblick von der Dachterrasse aus. Ein echtes Traumhaus unweit der Kathedrale, sehr hochwertig saniert und ganz schick möbliert. Das Beste daran war noch, dass wir uns in seinem Investitionsrahmen befanden und somit wirklich alles perfekt zu sein schien. Er wollte es sich unbedingt ansehen.

Wir fuhren also gemeinsam zu der Besichtigung, denn er war nicht mobil und hatte auch keinen Leihwagen. Und so bat er mich, dass ich ihn in Torrenova an einem Hotel abhole.

In Torrenova?, fragte ich mich. Das ist bei Magaluf, einer Partyhochburg im Süd-Westen der Insel, und gerade bei feierwütigen Engländern sehr beliebt. Ich dachte mir noch, dass jemand wie er doch eher in einem Hotel wie dem St. Regis Mardavall residieren müsste, wenn er auf Mallorca ist, und nicht in einem Hotel in Torrenova.

Das Ereignis mit dem Herrn ist bereits über ein Jahrzehnt her und heute hat Torrenova nicht mehr denselben Ruf wie damals. Dort ist viel geschehen, gerade durch die Coronazeit, und in den letzten Jahren haben sich in Torrenova sanierte Wohneinheiten relativ hochpreisig verkauft. Das hat die gesamte Gegend natürlich aufgewertet und wer weiß, wie sich diese Lage in den nächsten Jahren noch weiterentwickeln wird.

Ich wartete also vor dem Hotel auf ihn und da sah ich es wieder, sein Jackett, und diesmal trug er sogar dunkelbraune Lederschuhe dazu. *Farblich gut kombiniert,* dachte ich mir noch. Er stieg in mein Auto ein und wir machten uns auf den Weg zur Besichtigung nach Palma.

An der Immobilie angekommen, begrüßten wir meine Kollegin und gingen dann durch das Haus. Wir ließen ihm auch genug Zeit für sich, sodass er die Räumlichkeiten auf sich wirken lassen konnte. Er war begeistert und meinte nur, dass er die Immobilie gerne kaufen wolle und sich zeitnah mit dem Eigentümer zusammensetzen möchte. Der Angebotspreis lag etwas oberhalb von seiner genannten „Schmerzgrenze" und sein Angebot platzierte er deshalb bei glatten fünf Millionen Euro. Der Eigentümer war mit dem Preis einverstanden und ich dachte mir nur: *Deal time?*

Habe ich mich vielleicht doch getäuscht? Das hörte sich alles zu schön an, um wahr zu sein. Aber da war ja noch dieser kleine Funken, der mich hoffen ließ. Trotzdem ging dieses komische Bauchgefühl einfach nicht weg und ich war nach wie vor skeptisch bei diesem Herrn.

Die Büroleiterin aus Palma koordinierte also einen Termin für den darauffolgenden Tag im Büro vom Anwalt des Eigentümers, um über die Formalitäten zu sprechen.

Der Eigner war selbst nicht auf Mallorca, was auch für ein erstes „Orientierungsgespräch" nicht notwendig gewesen ist, denn auf das Wichtigste hatte man sich ja bereits geeinigt, nämlich den Preis.

Hatte der Käufer auch einen Anwalt? Er sagte ja, aber mit dem wollte er erst Rücksprache halten, falls es kompliziert werden sollte. Der Herr meinte noch zu mir, dass er sich sehr gut auskennen würde und ständig Immobilien kauft und auch verkauft. Es sei reine Routine für ihn.

So saßen wir also in einer Anwaltskanzlei in Palma zusammen und der „Käufer" wollte alles schnellstmöglich über die Bühne bringen, sodass gleich ein Kaufoptionsvertrag aufgesetzt werden sollte.

Da er an einem Privatkauf interessiert gewesen ist, also sprich die Liegenschaft nicht über eine seiner vielen Firmen kaufen wollte, fragte ihn der Anwalt des Verkäufers nach seinem Personalausweis, damit er diese Daten in den Kaufoptionsvertrag aufnehmen kann.

Er zögerte etwas, zog dann aber sein Portmonee aus der Tasche, das ziemlich zerfleddert gewesen ist, und alles andere als hochwertig zu sein schien. Aber auch an dieser Stelle wollte ich nicht vorschnell urteilen. Obwohl meine Alarmglocken bei ihm schon eine ganze Weile im Dauereinsatz waren.

Jetzt kommt der Moment der Wahrheit, dachte ich mir, und ich schaute ganz genau auf das Ausweisdokument.

Hatte er mir gegenüber eigentlich seinen richtigen Namen genannt? Irgendwie habe ich auch das hinterfragt, weil ich einfach nichts im Internet von ihm oder zu seiner Person gefunden hatte. Aber es stimmte, der Name stand tatsächlich auf dem Ausweis und auch bei der Nationalität hat er die Wahrheit erzählt. So sollte es dann sein und der Anwalt des Verkäufers würde sich nach dem Termin an den Entwurf des Kaufoptionsvertrags setzen.

Wir verabschiedeten uns allesamt und ich brachte den Herrn zurück nach Torrenova. Wir verblieben so, dass ich mich bei ihm melden würde, sobald ich den ersten Entwurf des Vertrags vorliegen habe.

Am Hotel angekommen gab er mir dann den Namen und die Mobilnummer seines Bekannten, der zeitgleich ebenfalls vor Ort war, und ich sollte ihm doch die Penthouse-Wohnung in Portixol zeigen, denn die würde ihn nämlich sehr interessieren.

Da dachte ich mir noch, wie wohl sein Bekannter drauf sein wird, wenn das mit ihm schon skurril ist!?

Oftmals ist es ja so, dass das Umfeld zum eigenen Charakter komparabel ist. Gleiche Interessen, ähnliche Einstellung und in der eigenen Wertevorstellung gibt es ebenso Parallelen.

Ganz wichtig: Das Umfeld ist ein gravierender Aspekt, wie du bist oder wie du dich entwickelst, denn dadurch wird dein Charakter geformt. Umgib dich stets mit glücklichen sowie erfolgreichen Menschen, die ein ähnliches, oder gar ein gleiches Mindset haben wie du, und orientiere dich an deren Einstellung, um dahin zu kommen, wo du hinmöchtest.

Da muss ich gerade an einen Speaker aus dem deutschsprachigen Raum denken, der dazu einen sehr guten Vortrag gehalten hat. In seinem Vortrag ging es um Bienen und Fliegen.

Warum spreche ich jetzt über Bienen und Fliegen?

Ganz einfach:

Mal angenommen wir unterteilen uns Menschen in zwei Gruppen.
Auf der einen Seite haben wir Bienen und auf der anderen Seite sind Fliegen.
Die Bienen sind genetisch darauf programmiert, auf wunderbar duftende Blumenwiesen zu fliegen und die Fliegen sind darauf programmiert, am liebsten auf stinkenden Müllhaufen zu landen. Und wo halten sich Fliegen sonst noch gerne auf? Die Antwort kennen wir wohl alle!
Das sind zwei völlig unterschiedliche Welten und eine Biene fühlt sich in der Umgebung einer Fliege einfach nicht wohl. Eine Biene kann mit Müll und Dreck eben nichts anfangen und fliegt deshalb gleich wieder auf ihre bunte Wiese, zu ihren Gleichgesinnten. Aber auch die Fliege kann nichts für ihr Verhalten, sie ist halt einfach so. Jedenfalls solltest du als Biene stets versuchen, dich von den Fliegen fernzuhalten, denn diese ziehen Scheiße wortwörtlich an.

Im Volksmund heißt es: Gleiches gesellt sich gerne mit Gleichem und ihr könnt euch ja vorstellen, welcher Gruppe ich meinen „Kunden" zugeordnet habe.

So rechnete ich also damit, dass es nicht besser werden würde, aber ich musste da irgendwie durch. Also rief ich seinen Bekannten an, als ich wieder im Büro war.

„Guten Tag, ich habe Ihre Telefonnummer von Ihrem Bekannten, der mir mitgeteilt hat, dass Sie sich gerne die angebotene Penthouse-Wohnung in Portixol anschauen möchten", sagte ich auf Englisch.

An seinen Namen kann ich mich nicht mehr erinnern, dafür aber an sein Aussehen und er war ebenso ein Schwede, also zumindest des Akzents nach zu urteilen.

Ich koordinierte also für den nächsten Tag eine Besichtigung der Immobilie und wir vereinbarten den Treffpunkt direkt vor dem Hauseingang. Ich erinnere mich noch, dass er zu mir mit einem Lachen in der Stimme gesagt hat, dass er einen Hut tragen wird und ich ihn daran erkennen würde. *Ok*, dachte ich mir, *alles klar, danke für diese Information,* aber was sollte ich in dem Moment damit anfangen!? Ich hatte ihn gar nicht danach gefragt, wie er aussehen wird, respektive was er tragen wird, damit ich ihn erkenne. *Aber gut, dann soll er sich mal einen Hut aufsetzen,* sagte ich mir. Und so war es dann auch. Wartend am vereinbarten Treffpunkt, sah ich aus der Ferne einen ziemlich blassen, sehr schlanken, mittelgroßen Herrn, mit einem verwaschenen blauen Shirt und mit einem beigen, löcherigen Strohhut auf dem Kopf an der Strandpromenade auf mich zu bewegen. *Oh mein Gott, bitte lass das nicht den „Kunden" sein! Was ist das denn für einer!?*, ging mir durch den Kopf und ich dachte mir in diesem Moment, dass das doch von den beiden eine Verarschung sein muss. Wo ist hier eigentlich die versteckte Kamera!? Die Art, wie er ging, wie er sich gekleidet hat, und wie er mich bei der Begrüßung anschaute, war irgendwie wie in einer schlechten Komödie. Er hatte so einen verrückten Blick und ein komisches Grinsen im Gesicht. Ich hatte wieder kein gutes Bauchgefühl und ich spürte bereits vorab, dass das nichts werden wird.

So überraschend war das allerdings in diesem Moment für mich nicht, ich hatte mich ja irgendwie auf etwas Wundersames eingestellt. Na ja, der Termin stand fest und so gingen wir also trotzdem durch die Wohnung. Schließlich wollte ich nicht oberflächlich nach Äußerlichkeiten urteilen und deshalb die Besichtigung absagen.

Er war begeistert von dieser Immobilie. Natürlich, denn das Apartment war auch echt top. Erste Meereslinie, direkt am Strand mit Blick auf das Meer, die City und die Kathedrale. Wem würde das denn nicht gefallen!? Eine ziemlich coole Immobilie hatte meine Kollegin da für ihn rausgesucht.

Und wen wundert es, auch er wollte kaufen! Nur sagte er zu mir, dass er noch etwas Zeit benötigen würde und sich kurzfristig bei mir mit einem Angebot melden wird. So verabschiedeten wir uns auch.

Und, hat er sich bei mir wie zugesagt gemeldet?

Natürlich nicht, es ging nie ein Anruf von ihm bei mir ein.

Spaßeshalber habe ich nach ein paar Tagen bei ihm angerufen, um zu sehen, was er mir für eine Geschichte erzählen würde und welches Angebot er denn platzieren will. Aber den Hörer hat er nicht abgenommen, geschweige denn mich auch nie zurückgerufen. Eine E-Mail hatte ich ihm sogar noch geschrieben, auf die es ebenso keine Antwort gab, und damit habe ich es dann auch sein lassen.

Für den Fall, dass er doch noch ein Angebot gemacht hätte, hätte er mir das erstens schriftlich geben müssen und zweitens hatte ich mir überlegt, dass er auf Nachfrage der Eigentümer einen Bonitätsnachweis seiner Bank vorlegen sollte, bevor wir in die Verhandlungen gegangen wären.

Spätestens an dieser Stelle wäre für ihn der Ofen aus gewesen.

Halten wir fest, dass all diese Termine in ein und derselben Woche passiert sind. Und zum Abschluss der Woche sollte noch ein Hammer kommen.

Wie ein Theaterstück mit passender Pointe, dass sich mein Kunde da ausgedacht hatte.

Im Büro machte es mittlerweile die Runde, dass ich ein akzeptiertes Angebot für das Stadthaus in Palma hatte und dort bereits am Kaufoptionsvertrag gearbeitet wird. Auch sprach sich rum, dass ich auf ein Angebot für die besichtigte Penthouse-Wohnung in Portixol warten würde. Ich konnte förmlich die Missgunst in den Augen der Verkäuferkollegen sehen. Ich kann keine Gedanken lesen, aber wenn, dann hätten diese wahrscheinlich wie folgt geklungen: *Der Neuling macht hier die großen Deals und nimmt uns die fetten Kunden weg.*

Falsch, ich habe niemandem etwas weggenommen, alles lief legitim ab und mir wurde dieser Kunde eben zugeteilt. Das kann andersrum genauso gehen. Accept it, that's the game!

Zudem wussten meine Kollegen auch nicht, mit was für einem „speziellen" Kunden ich da eigentlich zu tun gehabt habe.

Aber wie auch immer.

Am nächsten Tag klingelte dann mein Telefon und mein Kunde rief mich an. „Oliver, lass uns treffen, wir müssen uns unterhalten. Ich habe da eine Idee! Bring mal einen Verkaufskatalog von euch mit."

Er klang nicht mehr ganz nüchtern. Gut, es war Mittagszeit und gegebenenfalls hat er beim Mittagessen ein Glas Wein zu viel gehabt. Das kann vielleicht vorkommen. Na ja, jedenfalls lallte er ins Telefon.

Bei mir passte es gerade zeitlich ganz gut und so fragte ich, wo er sich denn mit mir zusammensetzen möchte. Ich hatte keine Ahnung, was er von mir wollte und warum ich einen unserer Verkaufskataloge mitbringen sollte. Aber das klärte sich dann später.

Der Herr war in einer Bar in Magaluf und er teilte mir den Namen mit. Ich kannte diese Lokalität nicht und er konnte mir auch nicht wirklich beschreiben, wo sich die Kneipe befand. Er wirkte verwirrt. Bestimmt war es auf die fehlende Ortskenntnis und nicht auf seinen Alkoholkonsum zurückzuführen …

Wie dem auch sei, dank des Internets ließ sich dies schnell feststellen und so machte ich mich auf den Weg. In der Bar angekommen, sah ich ihn direkt an einem der ersten Tische mit einem gut gefüllten Glas „Hierbas", einem mallorquinischen Kräuterschnaps, sitzen. Das Glas wurde ihm wahrscheinlich gerade, kurz bevor ich die Bar betrat, gebracht, und dies war bestimmt nicht sein erstes Getränk des Tages. Also seinem glasigen Blick und seiner Aussprache nach zu urteilen.

„Guten Tag, der Herr, wie geht's Ihnen heute? Über was möchten Sie denn mit mir sprechen und warum sollte ich einen Verkaufskatalog mitbringen?", fragte ich.

„Please take a seat", nuschelte er zurück in meine Richtung.

Er sagte zu mir, dass sich seine Pläne geändert haben. Er möchte nach wie vor auf Mallorca investieren und ich sollte ihm doch die meiner Meinung nach besten Immobilien aus dem Katalog zeigen, ganz egal, wie teuer diese waren. Geld spiele da keine Rolle.

Ich sagte ihm, dass ich natürlich nicht alle Liegenschaften aus dem Katalog kenne, aber zu denen, die sich in meiner Verkaufsregion befanden, könnte ich ihm Auskunft geben.

„Aber was ist eigentlich mit dem Stadthaus, das Sie kaufen wollen?", fragte ich ihn.

Das fände er immer noch sehr schön, es wäre ihm allerdings zu klein und er wollte sich nun nach etwas Größerem orientieren. Das Stadthaus war ihm zu klein!? Das fiel ihm dann ein, nachdem bereits am Kaufoptionsvertrag gearbeitet worden ist? Was für eine Lüge! Schließlich schwärmte er bei der Besichtigung noch von der Großzügigkeit der Immobilie, denn das Stadthaus war riesig und ging über mehrere Etagen. Aber gut, was ist groß und was ist klein? Das ist immer individuelle Betrachtungsweise.

Der Katalog lag also vor ihm auf dem Tisch, er öffnete diesen und zeigte wahllos mit zittrigem Finger auf die Titelfotos von Villen, die ihn optisch ansprachen. „Was ist mit dieser Villa? Oder mit der da? Vielleicht kauf ich sie alle!", lallte er lachend in meine Richtung und nahm einen großen Schluck aus seinem noch vollen Glas.

Ich dachte, ich sei im falschen Film!

Unseriöser ging es nun wirklich nicht mehr und ab da war für mich endgültig der Moment gekommen, an dem ich den Kunden nicht mehr ernst nehmen konnte und ihm freundlich gesagt hatte, dass ich wohl nicht der richtige Makler für ihn sei, sowie dass er sich bitte einen anderen suchen müsse. Ihm war einfach nicht mehr zu helfen, also meiner Meinung nach!

So wünschte ich ihm trotzdem viel Erfolg für die Zukunft und für seine Immobiliensuche.

Dann bin ich aufgestanden, reichte ihm die Hand und bin gegangen.

Als ich nach unserer „Verabschiedung" meine Kollegin anrief, um ihr diese unangenehme Nachricht zu überbringen, hatte ich eigentlich mit etwas mehr Aufregung ihrerseits gerechnet. Doch meine Kollegin sagte mir, dass sie ein ähnlich ungutes Gefühl bei dem Kunden gehabt hat, und sie würde das entsprechend an den Eigentümer sowie dessen Anwalt weitergeben.

Ihrer Reaktion nach zu urteilen war das wohl für sie nicht das erste Mal, dass sie etwas Derartiges erlebt hat. Unser Business zieht halt auch einfach Spinner an, um es mal auf den Punkt zu bringen, und ich denke, jeder Makler, der schon länger dabei ist, hat so seine eigenen Erfahrungen mit vielleicht sogar ähnlich verrückten „Kunden" gesammelt.

Nachdem ich ihr diese Botschaft überbracht habe, fand all der Ärger und Stress, den der Herr nicht nur bei mir, sondern auch bei den einzelnen Eigentümern und bei meinen Kollegen verursacht hat, endlich ein Ende.

Was hat das bitte für eine Entwicklung genommen!? Ich fühlte mich zeitweise wirklich wie im Irrenhaus, umgeben von einem und zeitweise sogar zwei richtig geisteskranken Menschen!

Ihr könnt euch wahrscheinlich nicht vorstellen, wie gut es mir trotz alledem nach diesem letzten „Termin" mit ihm ging. Ich habe mich nicht wirklich aufgeregt, na ja, vielleicht ein wenig, um ehrlich zu sein, aber ich fühlte mich irgendwie befreit und dachte mir dann einfach:

Auf nimmer Wiedersehen, du Oberfliege, bitte flieg zurück auf deinen Scheißhaufen und nimm deinesgleichen geradezu für immer mit!!!

Kapitel 4

Schön auf die Fresse gefallen –
Die erste Selbstständigkeit

Ich glaube, es gibt zahlreiche Unternehmer, die aus ihrer eigenen Laufbahn erzählen können, dass sie in der Vergangenheit mit einem Geschäftspartner auch einmal ins Klo gegriffen haben. Also ich habe da zumindest aus meinem Bekanntenkreis schon einiges gehört.

Und mir sollte das ebenso passieren. Nur wie konnte es so weit kommen?

Neben unserem Verkaufsoffice in Puerto Portals gab es noch ein weiteres Immobilienbüro und für diese Firma arbeitete ein freundlicher, ungefähr Mitte vierzig Jahre junger Makler. Wir grüßten uns stets und hielten etwas „small talk". So wie sich das unter „Nachbarn" eben gehört. Auch auf Veranstaltungen und Partys trafen wir uns zufälligerweise ab und an mal und eines Tages hat sich daraus eine Regelmäßigkeit ergeben sowie eine Freundschaft entwickelt.

Er war mir sympathisch, das möchte ich nicht leugnen, er sah freundlich aus und konnte sehr gut reden respektive Geschichten erzählen. Dumm war er zudem auch nicht und hätte er sich an unsere Absprachen gehalten, hätte sich unsere spätere Geschäftsbeziehung höchstwahrscheinlich in eine sehr positive Richtung für uns beide entwickelt. Die Voraussetzungen dafür waren eigentlich optimal.

Aber wie heißt es doch so schön: Hätte der Hund nicht geschissen, hätte er den Hasen gefangen.

Gehen wir auch hier der Reihe nach vor.

Wenn wir uns also sahen, oder auch mal zum Mittagessen trafen, unterhielten wir uns viel über das Geschäft. Das ist bei uns Maklern so, es gibt gefühlt kein anderes Thema als Immobilien. Ihr kennt das. Während ich bei uns eine gute Performance ablieferte und verkaufte, lief es bei ihm „nebenan" nicht so gut. Das lag aber wohl mehr an der Firma als an ihm selbst.

Eines Tages humpelte er bei mir am Büro vorbei und sah etwas kaputt aus, so, als hätte er am Abend zuvor ein Rendezvous mit einer Flasche Gin gehabt.

„Was ist dir denn passiert, mein Lieber!?", fragte ich ihn.

Daraufhin antwortete er, dass er beim Fußballspielen mit seinem Sohn umgeknickt sei, und gerade auf dem Weg zu einem Gespräch mit seinem Chef ist. Er wirkte in diesem Moment etwas angespannt und ich habe mir noch gedacht, dass das wohl eine ernstere Unterhaltung zwischen den beiden werden wird.

Ich wünschte ihm alles Gute dafür.

Nach einer Weile humpelte er dann in die andere Richtung wieder an meinem Büro vorbei, zurück zu seinem Auto. Dabei sah er etwas mitgenommen und nicht besonders glücklich aus.

Mich hatte interessiert, was los war und so ging ich wieder auf ihn zu.

„Hey, ist alles gut bei dir, wie lief euer Gespräch?"

Nicht allzu positiv, denn sein Vorgesetzter und er hatten sich wohl entschieden, in Zukunft getrennte Wege zu gehen.

Ich denke, dass die beiden einfach nicht miteinander klarkamen und öfter auch mal aneinandergeraten sind.

Er fragte mich direkt, ob wir bei uns im Team noch Verstärkung benötigen würden.

Wir hatten wie erwähnt mittlerweile ein anderes Team als zu Beginn meiner Tätigkeit, das seinerzeit aus einem Italiener, einem Engländer und mir bestand, also im Verkauf. Zudem hatten wir noch eine freundliche Belgierin bei uns, die auf Vermietung spezialisiert gewesen ist sowie eine Teamassistentin. Ein fester Büroleiter allerdings fehlte bei uns im Office. Wir hatten zwar einen, jedoch ist dieser zwischen unseren beiden Büros in Puerto Portals und Puerto de Andratx gependelt. Sein Fokus lag gefühlt mehr auf Andratx, da er dieses Büro vor unserem bereits geleitet hat und in dieser Region auch seine Kernkompetenz lag. Trotzdem konnten wir stets auf seine volle Unterstützung zählen, wofür ich ihm auch heute noch sehr dankbar bin. Er war ein Vollprofi mit viel Verkaufserfahrung, der immer einen guten Ratschlag für mich gehabt hat, denn mental hatte ich durch das, was ich in den vorherigen Kapiteln beschrieben habe, auch mal meine „Down-Phasen" gehabt.

Das kann in unserer Branche bestimmt vorkommen und gegebenenfalls kennt das der eine oder andere von euch ebenso. Aber wie war das noch gleich!? Immer weitermachen, denn heute können sich schon wieder ganz andere Möglichkeiten ergeben als gestern!

Gerade das erste Jahr auf Mallorca ist oftmals das schwierigste Jahr, aber da muss man einfach durch(halten), positiv bleiben und an sich selbst glauben!

Also, wir hatten noch Platz im Team und so hat er dann gemeint, dass er sich gerne mal mit dem Inhaber unserer Firma treffen würde, da er sich offiziell bei uns bewerben wolle.

Ich fand ja, dass er ein freundlicher Typ gewesen ist, *und mit ihm im Team könnte es doch gut funktionieren*, dachte ich mir in diesem Moment. Also gab ich ihm die Mobilnummer des Inhabers und wünschte ihm viel Erfolg bei dem Gespräch. Die beiden telefonierten miteinander und trafen sich daraufhin an einem Wochenende auf Ibiza, so meine ich mich zu erinnern.

Nach dem Treffen der beiden klingelte mein Telefon. Mein damals zukünftiger und heute ehemaliger Geschäftspartner war es und er meinte nur: „Oliver, lass uns mal treffen, es gibt Neuigkeiten!" Ich war gespannt, was er mir zu berichten hatte und wir machten ein Treffen aus. Es war nachmittags und er sagte zu mir, es gäbe einen Grund zum Anstoßen. So bestellte er also für uns sein damaliges Lieblingsgetränk, Gin Tonic. Er war gut drauf und erzählte mir von dem Gespräch mit dem Firmeninhaber und wie positiv das doch verlaufen sei. „Und, was sind nun die Neuigkeiten, worauf sollen wir anstoßen?", fragte ich dann voller Neugierde. Daraufhin sagte er zu mir, dass er jetzt der neue Büroleiter für unser Büro in Puerto Portals sei und er ab morgen starten würde. Das kam überraschend für mich, denn ich hatte ihn eigentlich eher bei uns im Verkauf gesehen und nicht als Büroleiter. Was er also wohl an diesem Wochenende alles erzählt haben muss, sodass unser ehemaliger Chef, eine sehr starke Persönlichkeit, ihm derartig vertraut hat, und einer externen Person gleich diese Position zuspricht? Das ist an dieser Stelle eine berechtigte Frage. Daran lässt sich wohl ableiten, wie gut er auch sich selbst verkaufen konnte.

Ich war richtig gespannt, wie meine damaligen Kollegen das wohl aufnehmen würden, gerade mein italienischer Kollege, der einen sehr dominanten Charakter hatte, würde bestimmt nicht mit ihm klarkommen. Das dachte ich mir noch, und so kam es später auch. Die beiden hatten viel Ärger miteinander!

Natürlich gratulierte ich ihm und wünschte ihm viel Erfolg bei uns.

„Willkommen im Team und auf gute Zusammenarbeit", sagte ich zu ihm und wir stießen an.

Er eckte nach kurzer Zeit gleich bei mehreren Kollegen an und hatte es von Beginn an in dieser Position sehr schwer bei uns, denn die meisten Kollegen von mir sind mit ihm nicht konform gegangen. Optimale Voraussetzungen waren das nicht für einen neuen Büroleiter in unserer Mannschaft.

Für mich jedoch war das in Ordnung, denn wir verstanden uns gut, ich mochte ihn und ich wollte ihm als neuen Leiter unseres Büros eine Chance geben, sich zu beweisen.

Ich will jetzt nicht die gesamte damalige Zeit unter seiner Büroleitung aufarbeiten, das würde hier den Rahmen sprengen, aber seine Performance war durch die genannten Bedingungen leider nur mittelmäßig. Wir waren eben alle sehr spezielle Charaktere im Büro und er hatte es definitiv nicht leicht mit uns. Zudem möchte ich ihn auch keineswegs durch den Kakao ziehen, das wäre nicht korrekt, denn ich konnte bei meinen Verkäufen stets auf seine Unterstützung als Büroleiter zählen.

Wäre er damals bei uns in den Verkauf gegangen, hätten sich die Dinge für ihn wahrscheinlich anders entwickelt. Denn verkaufen, gerade sich selbst und Geschichten, das konnte er wirklich gut!

Der Firmeninhaber rief mich eines Tages sogar an und fragte, was mit dem Kollegen eigentlich los sei und warum er nicht das umsetzen würde, was er ihm beim Kennenlernen versprochen hat. Es entwickelte sich also eine Missstimmung beim Chef ihm gegenüber.

Aber auch bei meinem Kollegen entstand dadurch natürlich Unmut, was wohl irgendwann bei ihm dazu führte, sich gedanklich umzuorientieren.

Jetzt habe ich etwas weit ausgeholt, aber um zu verstehen, wie sich das mit dem Herrn entwickelt hat, ist dieser kleine Ausflug notwendig gewesen.

Eines Abends saßen wir in Palma beim Essen zusammen und dabei fragte er mich, was ich eigentlich von der Idee halten würde, etwas Eigenes auf die Beine zu stellen und ob ich mir darüber schon einmal Gedanken gemacht hätte. *Vielleicht in ferner Zukunft,* dachte ich mir, als logische Weiterentwicklung, aber zu diesem Zeitpunkt noch nicht, denn ich war eigentlich ganz zufrieden.

Es gab auch ein paar namhafte Unternehmen, die immer mal versucht haben, mich klassisch abzuwerben. Ein Wechsel stand für mich aber wie erwähnt nicht zur Debatte.

Natürlich hörte ich mir trotzdem gerne an, was diese Immobilienfirmen mir anbieten konnten, alleine schon, um meinen eigenen „Marktwert" in Erfahrung zu bringen. Für mich jedoch klang keines der Angebote wirklich unwiderstehlich.

Ich wollte mir trotzdem anhören, was für Ideen er hatte und sein Konzept war wie folgt:

1. **Klassischer Vertrieb von hochwertigen Immobilien**
2. **Umbau bis hin zu Neubau von Immobilien im Auftrag von Investoren und Bauherren**
3. **Events für Kunden, Geschäfts- und Kooperationspartner veranstalten**

Immobilien waren meine Kernkompetenz, und wie Events veranstaltet werden, wusste ich auch, denn ich hatte ja Eventmanagement studiert und in Hamburg bei einer Agentur, für die ich während meines Studiums ein Praktikum absolviert hatte, Veranstaltungen organisiert.

Das könnten also meine Aufgabenbereiche sein und er würde sich auf das Bausegment konzentrieren, denn da kannte er sich gut aus, meinte er.

Die Idee und das Konzept fand ich grundsätzlich gut und somit hat er bei mir einen Denkprozess angestoßen.

Ich konnte mich mit dem Gedankengang immer mehr anfreunden und so stellten wir also gemeinsam einen Businessplan auf. Wir wollten das groß aufziehen und ihr könnt euch ja denken, dass dafür einiges an Kapital vonnöten war. Büro, Mobiliar, Computer, Website, Marketing, Mitarbeiter, Firmenwagen, und noch vieles mehr, das alles nimmt eben einiges an Kosten in Anspruch.

„Sollen wir noch einen Investor ins Boot holen?", frage er mich. Schließlich hatte ich ja gute Kontakte und zu einem meiner damaligen Kunden und heutigen Freund, der auch bereits im ersten Kapitel erwähnt worden ist, einen sehr guten Draht.

Der Herr ist ein Geschäftsmann und war der Idee, uns zu unterstützen, nicht abgeneigt. Er kannte ebenso meinen ehemaligen Kollegen und sagte somit zu mir, dass ich ihm doch mal unseren Businessplan rüberschicken soll, und so tat ich das dann auch.

Wir hatten einen wirklich guten Businessplan ausgearbeitet und unser Konzept ausführlich, ohne etwas vergessen zu haben, niedergeschrieben. Ich hatte da sehr viel Herzblut und Energie reingesteckt. Aber so bin ich eben. Ich mache keine halben Sachen!

Es wunderte mich also nicht, dass sich der Herr daraufhin mit uns zusammensetzen wollte. Er hatte einen Urlaub auf Mallorca geplant und als er dann vor Ort war, trafen wir uns in einem Konferenzraum seines Lieblingshotels. Nach einer kurzen Unterhaltung starteten mein Kollege und ich unseren Pitch. Ich mache es kurz und knapp: Wir waren erfolgreich, sodass wir ihn als Investor für uns gewinnen konnten.

Wir einigten uns darauf, dass mein Geschäftspartner und ich eine Einlage einbringen sollten, und unser Investor der Firma ein Darlehen gibt, das mit einem gewissen jährlichen Zinssatz zurückbezahlt worden wäre. Außerdem wäre auch er am Gewinn prozentual beteiligt gewesen. Ein fairer Deal für alle Parteien und somit gründeten wir gemeinsam eine Firma. Unser Investor und ich überweisen wie besprochen noch am selben Tag der Gründung, das war Anfang des Jahres 2015, die Beträge. Also er sein Darlehen und ich meine Einlage auf unser Firmenkonto.

Doch nach der Unterzeichnung der Urkunde ging es schon los. Der Kollege vertröstete uns und sagte, dass er den Betrag noch nicht überweisen könne, da er noch auf Gelder aus Deutschland warten würde. Er würde seine Einlage aber jedenfalls zeitnah auf unser Firmenkonto überweisen.

Es nahm trotzdem seinen Lauf, denn wir wollten ja loslegen. Wir mieteten also gleich ein Büro an, welches wir nach unserem eigenen Gusto eingerichtet hatten. Das haben wir richtig cool gestaltet, sogar mit einer eigenen „lounge bar", und wir arbeiteten zudem mit einem Künstler zusammen, der nicht nur unser Logo nach meinen Vorstellungen gestaltet hat, denn das wurde mir überlassen, sondern ebenso seine Werke bei uns ausstellen konnte.

Eine Website hatten wir auch schon in Auftrag gegeben, unsere Visitenkarten befanden sich bereits im Druck, Leasingverträge für drei Firmenwagen hatten wir unterschrieben, Büromöbel sowie mehrere Computer wurden eingekauft und dadurch hatten wir einen soliden Grundstein für unser eigenes Business gelegt.

Kurz darauf stellten wir auch schon erste Mitarbeiter ein, denn lange mussten wir nicht suchen. Wir hatten eine Teamassistenz, dazu eine Dame, die mich beim Immobilienverkauf unterstützen sollte, einen Bauleiter mit jahrelanger Erfahrung in der Baubranche und eine Marketingspezialistin. Das war unser Team für den Anfang.

Es startete gleich gut, denn mein Kollege hatte über einen seiner Bekannten einen Rohbau einer großen Villa für uns übernehmen können. Dabei ging es um ein Haus in einer sehr gefragten Wohngegend. Das war für den Start ein relativ großer Auftrag und für uns somit eine gute Referenz. Wir hatten auf dem Grundstück direkt zu Beginn ein Werbeschild aufstellen dürfen, sodass ebenso andere Firmen sehen konnten, dass wir nun am Start waren. Der Bau lief nicht ganz reibungslos ab, aber wir kamen voran und unser Geschäftspartner hatte sich dann irgendwann vorgestellt, dass er seine Einlage doch über diesen Bau einbringen könnte, wenn dieser abgeschlossen ist.

Für uns war das allerdings nicht nachvollziehbar, denn: Was hatten unsere Firmeneinnahmen aus dem Bau mit seiner Einlage zu tun?, fragten wir uns.

Dies versuchte er uns bei einer Gesellschafterversammlung zu erläutern, aber logisch und verständlich war das für uns nicht und somit blieb die Zahlung seiner Einlage weiterhin aus.

Wie dem auch sei, unsere Website war mittlerweile live und wir hatten ein paar gute Immobilien im Angebot und auch unser Social-Media-Auftritt nahm ebenso Form an.

Zudem hatten wir bereits eine erste Veranstaltung geplant und auch da waren die Vorbereitungen in vollem Gange. Die Location stand bereits fest und war sehr gut gewählt für eine Auftaktveranstaltung.

Alles schien für uns als Startup gut anzulaufen und wir waren ganz zufrieden mit dem Fortschritt, den wir machten. Das einzige Thema, das wir zu der Zeit noch immer nicht vom Tisch hatten, war das Thema der nicht erbrachten Einlage von dem Kollegen.

Mit diesem Betrag hätten wir sehr gut arbeiten können, denn wir hatten einen ziemlich hohen monatlichen Fixkostenapparat, ohne vorerst absehbare Einnahmen. Ok, das ist natürlich zu Beginn einer jeden Selbstständigkeit so, denn um auf sich aufmerksam zu machen, muss erst einmal investiert werden. Trotzdem sollte der Überblick dabei nicht verloren gehen! Das war allerdings bei uns leider ab einem gewissen Punkt der Fall.

> **Mein Tipp:**
> *Solltest du ein Startup gründen, dann versuche, in der Startphase deines Unternehmens die Kosten gering zu halten und nur an den Stellen zu investieren, an denen es ernsthaft nötig ist. In Positionen mit B- oder C-Präferenz kann später investiert werden, und zwar dann, wenn die ersten Umsätze erzielt worden sind und du konstante Einnahmen in Aussicht hast. Sonst kann dein Vorhaben von einem erfolgreichen Start schnell nach hinten losgehen.*

Ein großer Fehler von uns war es zum Beispiel, dass wir zu Beginn mehr Zeit und Geld in unsere Außendarstellung gesteckt hatten als beispielsweise in das Marketing, das eigentlich eine viel höhere Gewichtung haben sollte. Müssen es gleich „schicke" Autos sein, in die monatlich mehr Geld investiert wird als in beispielsweise Google Adwords? Im Nachhinein kann ich sagen: Auf keinen Fall. Es gab da noch weitere Positionen, die wir hätten reduzieren sollen, um somit die „gesparten" Gelder sinnvoller in unsere Firma zu investieren.

Aber hinterher ist man immer schlauer.

Also, unsere monatlichen Ausgaben waren irgendwann so hoch, dass sich unser Kontostand immer weiter reduziert hat. Der Bau ging nicht wie geplant voran, Gelder ließen auf sich warten und mit unserem ersten Event hatten wir etwas mehr Ausgaben als Einnahmen gehabt. Was aber überschaubar gewesen ist und bei einer Auftaktveranstaltung vorkommen kann.

Und wie lief es eigentlich mit den Immobilien?

Für unsere Angebote hatten wir zwar Anfragen und auch Besichtigungen, aber trotzdem war es relativ ungewiss, wann wir erste Provisionseingänge hätten verzeichnen können. Bis es zum Notar geht, dauert das in der Regel auch etwas Zeit.

Zudem kam dann ein Punkt für unseren Investor und mich, an dem wir realisierten, dass wir in eine völlig falsche Richtung abdrifteten. Das war, als es zu individuellen Absprachen zwischen unserem Partner und dem Eigentümer des Projekts kam, von denen wir nichts wussten. Er, und somit wir als Firma, gingen in Vorleistung für Baumaterialien, was zu diesem Zeitpunkt sehr unbedacht gewesen ist, denn das minimierte zunehmend noch mehr den Stand unseres Firmenkontos. Gut, die Bausparte war seine „Abteilung", aber an der Stelle ging es um unsere Firmengelder und das hätte der Kollege mit uns besprechen müssen. Er hatte bestimmt seine Gründe, warum er sich darauf eingelassen hat, aber dadurch ging natürlich Transparenz zwischen uns verloren.

Jedenfalls sahen wir auf unserem Konto, dass relativ hohe Summen in dem Bau vorerst „verloren" gegangen sind und wir nicht wussten, wann wir diese wiedersehen. Auch war für uns sehr ungewiss, wann und ob überhaupt von unserem Kollegen seine Einlage erbracht werden würde. Daraufhin vereinbarten wir ein Gesellschafter-Meeting und hielten ein „Krisengespräch", was letztendlich dazu geführt hat, dass der Investor und ich die Notbremse ziehen mussten, bevor es für uns beide zu spät gewesen wäre. Wir hatten kein gutes Bauchgefühl mehr und für uns hätte das böse enden können, denn wer weiß, in welche Richtung sich das für unsere Gelder noch hätte entwickeln können.

So vereinbarten wir also einen Notartermin, bei dem uns unser ehemaliger Geschäftspartner unsere Anteile abkaufte. Das muss im Spätsommer 2015 gewesen sein, also nur etwas über ein halbes Jahr, nachdem wir gestartet haben. Bei diesem Termin erhielten wir auch EINEN TEIL unserer Gelder zurück, denn das war eine Vereinbarung respektive eine Bedingung zwischen uns.

Ich kann aus rechtlichen Gründen nicht alles erzählen, was sich in dieser Zeit noch so abgespielt hat, aber so unkompliziert und leicht, wie es sich anhört, war es definitiv nicht. Und der Teil, den unser Investor von seinem Darlehen zurückbekommen hat und den ich von meiner erbrachten Einlage zurückerhalten habe, war für uns nur ein geringer finanzieller Ausgleich.

Final haben unser Investor und ich einiges an Geld in den Sand gesetzt, aber für uns war ein schneller „Exit" damals der einzige Weg, einer Katastrophe zu entgehen.

Glücklicherweise sind wir noch immer befreundet, trotz des ganzen Ärgers und dem vielen Stress, den wir mit unserer gemeinsamen Firma und unserem ehemaligen Geschäftspartner hatten.

Mittlerweile existiert unser damaliges Unternehmen auch nicht mehr. Es hat nämlich nicht sehr lange gedauert, bis sich diese Tür dann auch endgültig für den Kollegen geschlossen hat.

Ich habe daraus einiges fürs Leben gelernt, und kann heute sagen, dass es halt einfach nicht hat sein sollen, für uns alle.

Zum Abschluss dieses Kapitels möchte ich noch erwähnen, dass ich mir daraufhin schwor, dass dies mein letzter Ausflug in die Selbstständigkeit war, und ich mich nie wieder auf ein derartiges Abenteuer einlassen würde. Aber wie heißt es doch so schön: Sag niemals nie!

Kapitel 5

Back to the roots:
Vom Sales Agent zum Sales Manager

Ich war also wieder „auf dem Markt" und es sollte dann meine beste und erfolgreichste Zeit als Verkäufer in meiner Makler-Laufbahn folgen.

Es gab eine Firma, die bereits an mir interessiert gewesen ist, als ich noch in Puerto Portals als Immobilien-Verkäufer gearbeitet hatte. Dabei handelte es sich um ein international agierendes Immobilien-Unternehmen, welches einigen unter den Lesern bekannt sein dürfte. Der Inhaber, seinerzeit dreier Büros, also sprich der gesamten Südwest-Lizenz-Region, hatte damals, als ich noch im Hafen tätig war, bereits ein Gespräch mit mir geführt, und versucht, mich für sein Team zu gewinnen. Ich mochte ihn und seine Einstellung, aber trotzdem sagte ich ab.

Ich war mit seinem damaligen Büroleiter befreundet und als dieser mitbekam, dass ich mich wieder dem klassischen Maklergeschäft widmen wollte, sprach er mich an und fragte, warum ich denn nicht bei ihnen anfangen wollte. Sie benötigten zu der Zeit gerade einen deutschsprachigen Verkäufer im Team. *Klasse,* dachte ich mir. Ich konnte mich sehr gut mit der Marke identifizieren und fand den Franchisenehmer der genannten Lizenz-Region ja sehr sympathisch. Zudem befand sich dieses Büro in dem Verkaufsgebiet, in dem ich mich bereits bestens auskannte, und somit war das für mich ein „Heimspiel". Also schrieb ich den Inhaber an, und wir vereinbarten ein Gespräch in seinem Büro. Der Termin ging über mehrere Stunden, sodass wir sogar zwischendurch Mittagessen gegangen sind. Wir kamen von Anfang an sehr gut miteinander klar und schließlich entschied ich mich, mit ihm und der Marke zusammenzuarbeiten. Seine Einstellung hat mir sehr zugesagt, denn er legte viel Wert auf Ordnung, strukturiertes Arbeiten und Fleiß. Er lebte das selbst auch und hat mit uns „an der Front gekämpft". Das war genau mein Ding, denn wir beide hatten die gleiche Arbeitsmentalität und ich glaube, dass es infolgedessen so gut funktioniert hat und wir deshalb auch so viele gemeinsame Erfolge feiern konnten.

Ich startete, glaube ich, Mitte November 2015, und bereits nach ein paar Wochen hatte ich meinen ersten Kaufoptionsvertrag für eine Wohnung in Bendinat (ja, schon wieder in dieser Gegend) unterschrieben vorliegen. Ebenso aus diesem Verkauf hat sich zu den Käufern eine gute Freundschaft entwickelt, die bis heute anhält. Witzig ist auch, dass ich den beiden nur ca. ein Jahr später, in derselben Wohnanlage, noch eine weitere Einheit verkauft habe, nämlich ein Penthouse-Apartment mit einer großen Dachterrasse und einem traumhaftem Panoramablick.

Daraufhin folgten dann weitere Optionsverträge für Villen und Apartments in unserem Verkaufsgebiet sowie darüber hinaus.

Ich war schon zufrieden mit meiner Performance für 2016, meinem ersten Jahr in der Firma, was aber an das Jahr 2017 nicht rankommt, denn da ging es richtig ab. Das war mein Jahr, alles lief wie am Schnürchen, ein Kaufoptionsvertrag nach dem anderen wurde gezeichnet und in diesem Jahr hatte ich sogar den größten Deal meiner bisherigen Karriere gemacht.

Dabei handelte es sich um eine Top-Neubauvilla oberhalb von Costa den Blanes mit einem schönen Meerblick. Der ANGEBOTSPREIS belief sich auf 5,2 Millionen Euro, was für damalige Verhältnisse in der Lage noch ein „größerer" Deal war.

Das Beste war auch, dass der Kunde direkt über unser Büro zu uns kam und wir somit kein Teilungsgeschäft eingehen mussten. Das war richtig viel Provision für das Office, die ich uns da eingefahren hatte.

Wir waren drei Büros vom selben Lizenznehmer im Südwesten, mit insgesamt neun Verkäufern und am Ende des Jahres 2017 erhielt ich dann einen Pokal für meine überragenden Leistungen, mit der Auszeichnung:

„Best Sales Agent 2017 Mallorca Southwest – Oliver Steinmetz"

Der Pokal steht jetzt bei mir im Wohnzimmer. Gerne schaue ich mir diesen an und erinnere mich an diese großartige Zeit zurück.

In diesem Jahr hatte ich nicht nur die meisten unterschriebenen Kaufoptionsverträge und Abschlüsse innerhalb unserer Südwest-Gruppe, sondern auch den höchsten Turnover, den jemals ein Verkäufer/Verkäuferin im gesamten Südwesten gemacht hat, seitdem mein ehemaliger Arbeitgeber damals die Lizenzen übernommen hatte. Ich war einfach nicht zu stoppen!

Aber das war in der Vergangenheit und dieser Rekord wird wahrscheinlich in den Folgejahren gebrochen worden sein, obwohl meine Erfolge schon einen hohen Maßstab darstellen/dargestellt haben.

Schon damals haben mich ehemalige Arbeitskollegen angesprochen, wie ich das mache beziehungsweise ob ich ihnen einen Tipp geben kann. Auch Quereinsteiger waren darunter, denen ich mit einigen Ideen weiterhelfen konnte. Ich habe das gerne gemacht und mir hat das damals bereits persönlich viel gegeben, jemanden durch meine langjährige Verkaufserfahrung unterstützen zu können. Vielleicht gerade auch, weil mir das selbst zu Beginn meiner Laufbahn gefehlt hat.

Immer wieder fragen mich befreundete Maklerkollegen, oder Bekannte, ob ich vielleicht einen Ratschlag geben kann, wie man was am besten angehen sollte. Ich helfe da natürlich gerne, wenn es zeitlich bei mir passt, einfach aus dem Grund, weil mir das auch Spaß bringt. Aber, **der beste Tipp** ist eigentlich immer noch: *Einfach rausgehen und eigene Erfahrungen sammeln.*

Wenn mich mal wieder jemand fragen sollte, was mein Geheimnis zu mehr Erfolg im Immobiliengeschäft ist, kann ich jetzt einfach sagen: Ließ mein Buch, Amigo!

Kleiner Spaß, mein Erfolg war wahrscheinlich auf Erfahrung, Beharrlichkeit, ein gutes Gespür für Kunden, Transparenz und bedingungslose Leidenschaft zurückzuführen.

Eigentlich ganz simpel und selbstverständlich, aber für manche wohl offensichtlich nicht so leicht umzusetzen.

Es kann aber auch sein, dass es bei mir so gut lief, weil ich es mit der Maklerei wirklich ernst gemeint hatte. Ich wollte immer der Beste sein und dafür habe ich überdurchschnittlich performt und hart gearbeitet. Vielleicht liegt es auch daran, dass ich Sternzeichen Skorpion bin. Für mich gibt es nur ganz oder gar nicht und ich gehe an meine Aufgaben mit sehr viel Ehrgeiz sowie Verbissenheit ran. Mittlerweile bin ich allerdings viel ruhiger geworden, aber in jüngeren Jahren hatte ich teilweise einen krankhaften Ehrgeiz und hatte Niederlagen nur sehr schwer akzeptieren können. Typisch Skorpion halt. Aber genug zum Thema Astrologie.

So erfolgreich und schön das Jahr 2017 für mich beruflich gewesen ist, bin ich Ende 2017 privat in ein tiefes Loch gefallen. Mein Vater ist in dem Jahr im November leider verstorben. Für mich war das sehr hart und ich habe Wochen gebraucht, um den Schmerz zu verarbeiten. Es vergeht kein

Tag, an dem ich nicht an meinen Vater denke, oder an dem ich zu ihm spreche.

Jeder geht mit einem Verlust anders um, und was mir sehr geholfen hat, ist der Glaube, der Glaube daran, dass unsere Liebsten immer bei uns sind und auf uns achten – das ist meine Rüstung.

Dieses negative Ereignis hat mich persönlich stark verändert. Ich bin mir seitdem viel mehr bewusst, dass unsere Zeit hier auf Erden sehr begrenzt ist. Komisch, aber dadurch bin ich innerlich ruhiger und ausgeglichener als vorher. Dinge, über die ich mich früher aufgeregt hätte, oder die mich damals gestresst hätten, tangieren mich heute kaum noch.

Das Leben ist einfach zu kurz, als dass ich mir meine gute Laune von irgendetwas oder durch irgendjemanden verderben lasse. Sich aufzuregen oder sich zu ärgern, ändert nichts an der Situation, also bringt es in dem Moment doch auch nichts, oder?

Don't worry, be happy!

Allerdings schaffe ich das auch nicht immer, denn wenn ich beispielsweise den Ball beim Golfen nicht gut treffe, rege ich mich innerlich ziemlich auf. Na ja, ich glaube, dass dies ebenso viele andere kennen, die gerne golfen.

Auch beim Tennis ist mein Schläger in jungen Jahren, gerade bei Punktspielen oder Turnieren, sehr häufig über den Platz geflogen. In meiner Tennislaufbahn habe ich allerdings viel mehr Spiele gewonnen als verloren, aber mein Verschleiß an Tennisschlägern war dennoch relativ hoch und daran erkennt man, wie krankhaft mein Ehrgeiz war und wie schwer es mir fiel, eigene Fehler zu akzeptieren. Zum Glück ist das heutzutage überhaupt nicht mehr so, denn ich spiele ja nur noch „just for fun".

Was ich dir sonst noch ans Herz legen möchte, ist, jeden Moment mit deiner Familie oder mit deinen Freunden ausgiebig zu genießen und dankbar für die schöne Zeit zu sein. Zeit miteinander zu verbringen ist Luxus und wenn du dies noch mit beiden Elternteilen tun kannst, dann kannst du dich zu den glücklichsten Menschen der Welt zählen!

„Du musst dich an die schöne Zeit erinnern, denn nichts ist für immer." Diese Strophe sang Karel Gott in seinem Lied „Für immer jung". Es ist schon etwas traurig, wenn man darüber nachdenkt, aber so ist halt das Leben. Also genieße es in vollen Zügen!

Ich finde, jetzt wäre ein guter Moment, in dem du das Buch zur Seite legen solltest, um deine Eltern anzurufen und um ihnen zu sagen, dass du sie liebhast!

Was mir tagtäglich sonst noch sehr viel Kraft gibt, ist, dass ich mir bewusst bin, was für ein privilegiertes Leben wir doch leben dürfen. Ich bedanke mich jeden Morgen dafür, und stehe dadurch mit einem positiven Gefühl, gut gelaunt auf. Ich vermute mal, dass die meisten Menschen einfach in den Tag hineinleben und sich überhaupt nicht bewusst sind, wie gut es ihnen eigentlich geht. Für viele ist deren Alltag einfach selbstverständlich. Jeder sollte aber mal darüber nachdenken, dass nicht jeder Mensch auf dieser Welt so aufwachen kann wie wir: gesund, ohne Krieg, mit fließendem Wasser, einem vollen Kühlschrank, so viel unterschiedlicher Kleidung zum Anziehen und mit einem Dach über dem Kopf. Das ist auch Glück! Lass dir das durch den Kopf gehen und frage dich selbst, welche Probleme DU eigentlich hast, wenn du dich das nächste Mal über irgendetwas ärgerst oder aufregst.

Also, ich brauchte etwas Zeit, bis ich wieder im Fokus war. Trotz der ganzen Trauer dürfen wir eines niemals vergessen:

Die Welt dreht sich weiter und wie heißt der Welt-Hit von der Band Queen noch gleich!? Richtig: „The Show must go on".

Es ging also weiter, und dadurch, dass ich so eine hervorragende Leistung 2016 und 2017 als Sales Agent im Verkaufsbüro in Portals Nous erbracht hatte, hat mir der Lizenznehmer angeboten, sein Büro in Santa Ponsa als Sales Manager zu führen, sprich dieses Verkaufsbüro zu leiten. Dort gab es keinen festen Büroleiter und dieses Office hatte in den Jahren zuvor nie so gut abgeschnitten wie unseres, obwohl es auch dort gute Verkäufer und Verkäuferinnen gab.

Das wäre doch eigentlich eine echte Herausforderung für mich, dachte ich noch, willigte aber dennoch nicht sofort ein.

Ich wollte mich schon weiterentwickeln und auch sehr gerne mehr Verantwortung übernehmen, aber Santa Ponsa für „mein" Verkaufsgebiet einzutauschen, musste ich mir erst einmal gut überlegen.

Aber um den eigenen Horizont zu erweitern, muss man seine Komfortzone verlassen und so habe ich mich letztendlich dazu entschieden, diese neue Aufgabe anzugehen.

Zum Glück kannte ich mich auch in Santa Ponsa ganz gut aus, musste aber trotzdem erst einmal das komplette Verkaufsgebiet besser kennenlernen. Eine große Aufgabe ist natürlich zu Beginn gewesen, unsere Immobilienangebote zu sichten. Das waren nicht wenige, denn das Santa Ponsa-Lizenz-Gebiet ist echt groß. Aus diesem Grund war ich die ersten Wochen damit beschäftigt, Besichtigungstermine mit den einzelnen Eigentümern zu koordinieren, denn schließlich musste ich „meine" neuen Angebote „kennenlernen". Das klappte prima und so kam ich auch gleich mit vielen Immobilienbesitzern persönlich in Kontakt.

Als ich in dem Büro startete, waren wir eine Verkäuferin und zwei Verkäufer einschließlich mir sowie eine Teamassistentin. Ich kannte die Kollegen ja und hatte zu jedem bereits einen guten Draht.

Aber nun hatte ich eine neue Position und war „hierarchisch" gesehen deren Vorgesetzter. Das klappte jedoch ganz gut und ich wurde von allen im Team als neuer Büroleiter mit jungen dreißig Jahren akzeptiert.

Zu der Zeit war allerdings gerade einer der Mitarbeiter auf dem „Sprung" und hat die Firma nach ca. zwei Wochen, quasi als ich gerade angefangen hatte, das Büro zu leiten, verlassen.

Die Übergabe mit ihm lief zwar gut ab, nur wurde ich dadurch gleich zu Beginn damit konfrontiert, einen neuen Mitarbeiter für uns zu finden.

Dieses Lizenz-Gebiet wäre für nur zwei Verkäufer einfach nicht stemmbar gewesen. Ich merkte also schnell, dass meine neue Position ganz andere Aufgaben mit sich brachte, als sich rein um Akquise und den Verkauf von Immobilien zu kümmern.

Zum Glück mussten wir nicht lange Ausschau halten, denn kurze Zeit, nachdem wir ein Inserat geschaltet hatten, meldete sich ein junger Mann bei uns. Seine Bewerbung war sehr aussagekräftig und er als Person für uns interessant. Er hatte jahrelang erfolgreich in der Tourismusbranche gearbeitet, war gerade nach Mallorca gezogen und wollte sich neuen Aufgaben widmen.

Eigentlich wollten wir aber keinen Quereinsteiger einstellen, sondern suchten einen Makler mit Verkaufs- und Gebietserfahrung. Aber dennoch entschieden wir uns, ihn für ein Gespräch einzuladen. So rief ich ihn also an, und wir vereinbarten einen Termin bei uns im Büro. Der Lizenzinhaber war bei diesem Gespräch ebenso anwesend, denn auch er wollte sich anschauen, wer sich da bei uns bewirbt.

Wir waren uns auf Anhieb sympathisch und ich konnte mir gut vorstellen, dass er zu uns ins Team passte. Er sah freundlich aus, verstand es, sich auszudrücken, hatte gute Referenzen und war hoch motiviert. Top-Voraussetzungen für den Job, es fehlte ihm „nur noch" an Immobilienerfahrung, Markt- und Produktkenntnis.

Allerdings musste ich für mich abwägen, ob ich mir das zeitlich antun wollte, jemanden von Null auf einzuarbeiten, oder ob es nicht doch sinnvoller wäre, weiterzusuchen und einen erfahrenden Profi an Bord zu holen.

Aber irgendwie passte das für mich und ich hatte bei ihm ein gutes Bauchgefühl, weil er so voller Elan war. Also entschied ich mich, ihn ins Team zu holen und rief ihn an. Er freute sich über meine positive Nachricht und konnte es kaum abwarten, bei uns loszulegen.

Gleich an seinem ersten Arbeitstag wurde er mit offenen Armen in unser Team aufgenommen und nachdem unsere Teamassistenz ihm eine Einweisung in unser Betriebssystem gegeben hat, ging seine Verkaufs-Einarbeitung direkt los. Das hat viel Zeit in Anspruch genommen, denn ich bin das sehr gewissenhaft angegangen. Aber er lernte schnell, sodass ich ihn bereits nach kurzer Zeit auf Kunden und Eigentümer ohne Bedenken „losgelassen" habe. Er erhielt von mir einige Kunden, die von unserem ehemaligen Kollegen betreut worden sind, der uns kurz zuvor verlassen hatte. Auch er musste erst einmal „cold callings" machen. Das war ebenso nicht gerade seine Lieblingsaufgabe, aber die Kunden, die nach seinen Anrufen noch „aktiv suchend" waren, konnte er direkt übernehmen und auf seinen Namen schreiben. Wie wir wissen, kann sich das lohnen, denn dabei handelt es sich schließlich um potentielle Käufer!

Kurze Zeit darauf hatten wir noch eine weitere Bewerbung, diesmal von einer sympathischen Dame, die ebenfalls daran interessiert gewesen ist, bei uns im Verkauf zu starten. Auch diese schauten wir uns an und stellten sie letzten Endes ein. Allerdings war sie nicht lange bei uns, denn sie kam mit meinem Führungsstil nicht klar, und sie konnte nach eigener Aussage meinen Anforderungen nicht so nachkommen, wie ich mir das vorstellte. Das war natürlich schade, aber wie heißt es doch so schön: Reisende soll man nicht aufhalten.

Und so waren wir also wieder zu dritt und mittlerweile ein eingespieltes Team. Wir traten bei Objektaufnahmen immer gemeinsam auf, wenn es zeitlich für alle passte, tauschten uns in wöchentlichen Team-Meetings sowie darüber hinaus aus, und unterstützten uns gegenseitig, wo wir konnten. Wir waren so gut wie jeden Tag gemeinsam „on tour" und hatten echt viele Flyer, darunter auch handgeschriebene Briefe, verteilt, sodass unsere Hände förmlich glühten. Dieser Aufwand hatte sich jedenfalls gelohnt, denn wir konnten viele neue Immobilien aufnehmen, auf die wir einige Anfragen generieren konnten.

Das war richtiges Teamplay und mit unserer Kollegin hatten wir eine absolute „Waffe" in der Mannschaft, denn sie war schon eine sehr lange Zeit im Immobilienvertrieb, kannte unsere Verkaufsregion wie ihre eigene Westentasche und hatte sehr viele Kontakte sowie ein hohes Ansehen. Eine tolle Frau, vor der ich nach wie vor einen Heidenrespekt habe!

So viel Spaß wir auch gemeinsam hatten, durfte ich dabei mein Ziel niemals aus den Augen verlieren, und das war, Umsatz für das Büro zu generieren. Ab und zu spürte ich, dass wenn es zu locker bei uns zuging, der Fokus etwas verloren hätte gehen können. Zwar waren wir alle Kollegen und hatten ein familiäres Arbeitsverhältnis, aber ich war der Büroleiter und hatte somit die Verantwortung für das Geschäft, und das sollte ja laufen. Gelegentlich musste ich also immer mal wieder etwas „strenger" werden. Klar, es kam dabei öfter zu kleineren Konflikten und Diskussionen, aber nie so gravierend, dass wir uns stritten. Der Ton macht die Musik, und auf den habe ich stets respektvoll geachtet.

Mit der Performance der Mitarbeiter war ich zufrieden, denn wir hatten in meinem ersten Jahr als Büroleiter einige Verkäufe. Es lief also ganz gut und wir waren auf dem richtigen Weg.

Als gutes Vorbild vorangehend war ich morgens der Erste, der noch vor allen anderen im Büro war, und abends der Letzte, der den Laden geschlossen hat. Ich hatte immer zu tun, denn als Büroleiter gab es viele Aufgaben zu erledigen, und ich konnte schließlich auch nicht alles delegieren und an die Mitarbeiter oder die Teamassistentin abgeben.
Anfragen mussten von mir fair verteilt werden, Strategien überlegt werden, wo und an welchen Stellen wir uns noch optimieren konnten, ich musste rund um die Uhr für mein Team erreichbar sein, Mitarbeitergespräche führen und ganz nebenbei ebenso Immobilien akquirieren und verkaufen. Da habe ich mich aber stark zurückgehalten, denn die Anfragen habe ich eher an unsere beiden Verkäufer verteilt, um diese bei Laune zu halten, und habe nur sehr wenige davon selbst bearbeitet. Trotzdem habe ich im ersten Jahr als Büroleiter eine Top-Villa mit einem Hammer-Meerblick verkaufen können, die sich in privilegierter Lage von Nova Santa Ponsa befindet. Der Angebotspreis belief sich dabei auf 3,4 Millionen Euro und war für das Büro seit langem mal wieder ein „größerer" Deal, der für die Firma erwirtschaftet worden ist.

Der Kunde kam direkt über uns, und war tatsächlich der Erste, den ich in Santa Ponsa bearbeitet hatte. Die Anfrage ging abends bei uns ein und da die Kollegen bereits Feierabend gemacht hatten, war ich alleine im Büro. Es war noch nicht zu spät zum Telefonieren, vielleicht gegen 19.30 Uhr, und so habe ich die Kaufinteressenten dann direkt angerufen. Wir erinnern uns an Kapitel eins: Der Kunde muss schnellstmöglich kontaktiert werden! Dabei handelte es sich um ein sehr sympathisches Ehepaar. Wir verstanden uns auf Anhieb gut und haben in den Folgemonaten, bis sie sich entscheiden haben, bestimmt über 20 Immobilien im gesamten Südwesten angeschaut, teilweise sogar mit einem Großteil der Familie. Ich meine, bei einer Besichtigung sind wir sogar einmal zu zwölft gewesen. Das war echt spaßig, und ich nehme an, dass das für den einen oder anderen Eigentümer ungewöhnlich gewesen sein muss. Ein Makler kommt mit so vielen Leuten zu einer Besichtigung. Mal etwas anderes, auch für mich.

Die „Suchzeit" war sehr angenehm mit den beiden, und das Schönste daran ist, dass sich daraus eine Freundschaft entwickelt hat. Wir hören und sehen uns relativ regelmäßig, auch gerne mal auf dem Golfplatz, denn das ist ebenso eine Gemeinsamkeit von uns.

So gut es auch manchmal läuft, ist der Immobilienmarkt immer wieder nicht vorhersehbaren Schwankungen ausgesetzt, und so gab es dann auch für uns eine Zeit, zu der wir deutlich weniger Anfragen erhalten hatten als zuvor. Zwar hatten wir ein aktuelles und breitgefächertes Portfolio mit sehr schönen Immobilien in allen möglichen Preiskategorien, aber trotzdem war das Kaufinteresse zu der Zeit eher gering. Das ist nicht unüblich und derartige Schwankungen kommen wohl bei jedem Immobilienbüro zeitweise vor. Wichtig war aber, dass wir uns davon nicht entmutigen lassen haben, sondern wir mussten uns etwas einfallen lassen, welche weiteren Möglichkeiten es gab, um zu verkaufen. Und das taten wir auch: Ab ans Telefon und „alte" Kunden aus der Datenbank anrufen, die noch als „aktiv suchend" geführt wurden.

Ich ließ also von unserer Teamassistentin Listen erstellen, mit Leads, die auf ehemalige Mitarbeiter liefen, und jeder von uns bekam eine davon. Auch für mich hieß es dann also wieder: Cold callings, here we go again!

Kleiner Denkanstoß: Ein Nein hast du schon, wenn du nicht anrufst, aber ein Ja kannst du kriegen, wenn du zum Hörer greifst. Ich weiß, Kaltakquise ist lästig, aber mit dieser Einstellung sollte es dir eigentlich leichter fallen, Kunden anzurufen.

Jeder von uns telefonierte also seine Listen durch und dadurch ließen sich zwar ein paar Kunden reaktivieren, aber zu kurzfristigen Besichtigungen beziehungsweise Erfolgen hat dies bei uns leider nicht geführt.

Dadurch wurde die Stimmung etwas gedämpft, sodass ich so ziemlich alles, was an Anfragen bei uns einging, auf meine Kollegen aufgeteilt habe, und davon selbst keine mehr bearbeitet hatte.

Ich hatte zum Glück noch ausstehende Notartermine aus dem vorherigen Jahr sowie gerade ausnahmsweise eine größere Villa an einen Kontakt aus meinem privaten Netzwerk vermietet und ebenso partizipierte ich als Büroleiter eh an jedem Verkauf innerhalb unseres Lizenzgebietes. Ich war mit meiner eigenen Situation also nicht sehr unzufrieden, aber es ging ja nicht um mich, sondern um das Büro. So lag es mir also viel mehr am Herzen, dass die Kollegen sich wohlfühlten und von mir alle möglichen Chancen bekamen, Provisionen für sich generieren zu können, denn motivierte Mitarbeiter sind das Kapital einer jeden Firma.

Das hatte ich schon früh erkannt.

Kleiner Gedankengang für Unternehmer:
Nicht du als Arbeitgeber zahlst die Gehälter deiner Mitarbeiter, nein, es ist genau andersrum, denn glückliche Mitarbeiter zahlen letzten Endes dein Gehalt. Zufriedene Mitarbeiter sind einer der Hauptschlüssel zu mehr Erfolg innerhalb einer Firma! Nur so ist gewährleistet, dass Umsatzziele erreicht werden. Sei also stets fair und behandle deine Angestellten mit dem nötigen Respekt.

Wie dem auch sei, waren die Anfragen, die wir erhielten, eher „kleiner" Natur und meine beiden Kollegen hofften weiterhin auf „schmackhafte" Deals. Ich hätte es ihnen von ganzem Herzen gegönnt, nur leider blieben diese aus. Aber was hätte ich noch machen sollen!? Die Produkte hatten wir, aber Kunden dafür kann man sich eben nicht einfach so aus dem Leib schneiden.

Dies führte dann irgendwann zu Unmut und dann kam auch noch der Moment, an dem mich meine damalige Kollegin um ein Gespräch bat. Unsere geschätzte „Reyna", zu Deutsch Königin, hatte bereits ein gewisses Alter erreicht, und so teilte sie mir dann in unserer Unterhaltung mit, dass sie zeitnah aufhören würde zu arbeiten. Das fand ich nicht nur für die Firma sehr schade, sondern auch persönlich, denn sie war eine Top-Verkäuferin und ein wirklich toller Mensch. Dieser Grund war für mich natürlich nachvollziehbar, denn unser Business verlangt sehr viel Energie ab, gerade mental, und den Stress muss und sollte man sich ab einem gewissen Alter wohl auch nicht mehr in dieser Form antun.
Es war mir jedenfalls eine absolute Ehre, mit ihr zusammenarbeiten zu können, und ich hatte stets sehr großen Respekt vor ihr und ihrer tollen Art.

Ich wünsche mir sehr, dass ich, wenn ich in ihrem Alter bin, ebenso fit sein werde wie sie. Aber irgendwann kommt wohl leider der Zeitpunkt, an dem man einen Schlussstrich ziehen muss, egal, wie sehr man seinen „Job" auch liebt.

Also waren wir dann nur noch zwei Vertriebler in unserem Team zuzüglich unserer Assistentin. Mein Kollege hatte dadurch natürlich wieder mehr zu tun und erzielte in diesem Jahr dann ebenfalls noch ein paar Abschlüsse. Auch ich konnte wieder Kunden bearbeiten, aber trotzdem war es eine demoralisierende Zeit, die dazu führte, dass wir mehrere Gespräche mit dem Lizenznehmer geführt hatten. Wir teilten ihm in diesen mit, was unserer Meinung nach optimiert werden könnte, damit wir mehr „Action" haben. Er hatte ein offenes Ohr für uns, aber trotzdem gab es ein paar Punkte, mit denen er nicht konform gegangen ist, auch, da diese eine gewisse Veränderung/Umstrukturierung mit sich gebracht hätten. Zudem waren unsere Vorstellungen und Überlegungen ohne Weiteres nicht möglich gewesen umzusetzen, denn als Franchiseunternehmen gibt es gewisse CI-Vorgaben, nach denen man sich richten muss und unsere Ideen hätten somit wohl auch gar nicht übernommen werden können.

Long story short: Zu einem gewissen Zeitpunkt kam dann die Überlegung auf, eine eigene Immobilienfirma zu gründen und dort die Punkte umzusetzen, die unserer Meinung nach einen gravierenden Erfolgsfaktor ausmachen könnten. Mit dabei war noch eine weitere Person, sprich unser damals zukünftiger Geschäftspartner, der ebenso wie wir dafür ein eigenes Unternehmen gründen wollte. Dabei handelte es sich um einen Vollblutunternehmer, der erfolgreich unterschiedliche Firmen führte und zudem ein starkes Netzwerk hatte.

Unter diesen Voraussetzungen sollte dann also meine zweite Selbstständigkeit auf Mallorca folgen.

Witzig war noch, dass kurz zuvor ein namhafter Bauträger, dessen Projekte echt top sind, bei mir angeklopft hatte, und versucht hat, mich zu sich ins Team zu holen. Ich kannte den Inhaber dieser Baufirma schon viele Jahre, hatte diesem zuvor auch Grundstücke verkauft, und der Herr war mir grundsätzlich sehr sympathisch, aber trotzdem kamen wir nicht auf einen Nenner, da unsere Vorstellungen von einer Zusammenarbeit etwas auseinander lagen. Zudem war der Entschluss, eine neue Firma zu gründen, zu der Zeit eigentlich schon gefallen gewesen, aber das Thema Bauen fand ich schon immer sehr spannend, und deshalb hatten wir uns auch zusammengesetzt.

Zum Abschluss des Kapitels möchte ich jedoch sagen, dass ich eine echt erfahrungs- sowie erfolgreiche Zeit als Sales Agent und als Sales Manager in den insgesamt über vier Jahren gemeinsamer Zusammenarbeit mit dem Firmeninhaber und diesem Franchiseunternehmen habe erleben dürfen. Nicht nur dafür bin ich ihm sehr dankbar, sondern auch, dass er stets fair, sehr zuverlässig und respektvoll mit jedem seiner Mitarbeiter umgegangen ist. Für mich war er ein super Arbeitgeber mit den richtigen Werten, denn bei ihm wurde Teamwork und gemeinsames Wachstum innerhalb seiner Firmen großgeschrieben.

Kapitel 6

Vom klassischen Immobilienverkauf hin zur Immobilienplattform

Die Idee war also geboren, und kurz nachdem wir uns von dem vorherigen Unternehmen getrennt hatten, gründeten wir im Oktober 2019 unsere Firma. Von Anfang an hatten wir ein dynamisches Team und unser Fokus lag auf einer starken Internetseite mit gezieltem Marketing für unsere Produkte. Die Voraussetzungen waren vielversprechend, denn wir hatten bei uns im Team einen top IT-Spezialisten, der die Entwicklung unserer Website betreuen konnte, sowie eine professionelle Marketingagentur beauftragt, welche die Bekanntheit unserer Marke, gerade zu Beginn, pushen sollte.

Wir hatten uns relativ viel Zeit genommen, um einen passenden Firmennamen zu finden, der zu unserem Konzept passte, und hatten einige Stunden dazu „gebrainstormt". Wir trugen unsere Gedankengänge in „größerer" Runde auf einem Flip Chart zusammen und dann hatten wir uns endlich für einen Namen entschieden. Wir feierten das damit, dass wir mit einer Champagnerflasche auf das Chart zielten und den Korken, so gut es ging, auf den Namen gefeuert haben. Wir waren alle happy und mega motiviert. Ein passendes Logo dazu war schnell überlegt und dann ging es uns primär darum, eine Website in Auftrag zu geben, mit der wir uns von der Masse ganz klar abheben würden.

Eine Website muss ein klares Erscheinungsbild haben sowie einfach beziehungsweise nutzerfreundlich zu bedienen sein und eine gewisse Grundgeschwindigkeit mitbringen. Klingt sehr simpel, aber die wenigsten setzten dies zu der Zeit so um. Wir hatten auch viele coole technische Features, die unsere Seite besonders gemacht hatten. Ihr könnt euch sicher vorstellen, dass eine so hochwertige Website viel Zeit in Anspruch nimmt, bevor sie fertig programmiert war. Deshalb waren wir über ein paar Monate vorerst ohne Internetseite am Start, was für uns aber überhaupt nicht dramatisch war, denn wir mussten eh erst einmal Immobilien aufnehmen, damit wir ein abwechslungsreiches Produktportfolio potentiellen Käufern bieten konnten.

Wie haben wir trotzdem auf uns aufmerksam gemacht?

Da gab es zum Glück reichlich Möglichkeiten. Beispielsweise warben wir mit unserer Marke und unseren Angeboten in Zeitungen und Magazinen, waren auf Instagram sehr aktiv und haben mit Immobilienportalen zusammengearbeitet, die uns die Möglichkeit verschafften, auch ohne eigene Internetseite vorerst Immobilien anzubieten. Zudem haben wir viel Flyer-Werbung betrieben und so landeten, wie in Kapitel zwei erwähnt, unsere Bierdeckel in sehr vielen Briefkästen von Wohnanlagen, die sich in unserem Einzugsgebiet befanden.

Wir waren im Vollgasmodus und hatten uns vorgenommen, dass wir noch vor Jahresende unseren ersten Notartermin wahrnehmen wollten. Eine harte Aufgabe, wenn man bedenkt, dass wir ja erst im Oktober 2019 gegründet hatten. Aber nichts ist unmöglich! Lange Rede, kurzer Sinn: Mein privates Netzwerk hat es möglich gemacht, dass wir dieses Vorhaben bereits Mitte November desselben Jahres umsetzen konnten und das Ziel war erreicht.

Ein norwegischer Investor, zu dem ich nach wie vor Kontakt pflege, hatte eine lukrative Investitionsmöglichkeit, die er aus Kapazitätsgründen seinerzeit selbst nicht umsetzen konnte. Er zeigte uns diese und direkt bei der Besichtigung kam mir dafür ein potentieller Käufer in den Sinn. Dabei handelte es sich um einen Eigentümer und Investor, dessen Villa ich im

Jahre 2013 in Costa den Blanes verkauft hatte, und mit dem ich ebenso über die Jahre immer mal wieder im Austausch stand.

Diese Villa hat übrigens ein sehr nettes Ehepaar gekauft, zu dem ich noch heute ein freundschaftliches Verhältnis pflege. Der Mann ist ein Börsenprofi und mich hatten Aktien sowie ETFs schon immer als eine mögliche Geldanlage gereizt. Ich war ja an der „Quelle" und konnte mir Input, Tipps und Kniffe sowie alte Börsenweisheiten einholen. Eine Regel, die er mir zu Beginn mitgegeben hat, war: Bloß nicht anfangen zu zocken und vorsichtig bei Kryptowährung zu sein (zu der Zeit war der Hype gerade etwas verflogen). Ich sollte doch erst mal mit ETFs anfangen (den gängigen,) um ein bisschen Börsenluft zu schnuppern. Ihr könnt euch bestimmt denken, was passiert ist, oder? Mich juckte es natürlich in den Fingern, die Verlockung war zu groß, und ich hatte keine Lust auf nur „buy & hold". Natürlich hatte ich dann auch in Kryptowährung und Einzelaktien investiert, und nicht nur in ETFs. Ich hatte ein wenig angefangen zu zocken und dadurch Gelder verloren. Hätte ich mal lieber auf ihn gehört! Heute habe ich zwar noch immer ein paar Einzelaktien und ETFs, aber für mich ist die beste Geldanlage, gerade durch diese Erfahrung, das sogenannte Betongold – Immobilien in gefragten Lagen.

Ich rief also den Investor noch während der Begehung an und sagte, dass ich ihm gerne ein interessantes Investment anbieten möchte. Ich war davon überzeugt, dass dies einen hohen ROI versprach, und so kam es dann, dass wir ihm die Wohnung zeigten. Er war erst ein wenig skeptisch, da er die Lage nicht richtig einschätzen konnte und das Gebäude zudem in einem nicht allzu guten Zustand gewesen ist. In einer Eigentümerversammlung wurde die Renovierung der Fassade allerdings einstimmig beschlossen, sodass dies final kein KO-Kriterium mehr war und letztendlich hatte er sich dann auf meine Expertise verlassen.

Die Einheit befand sich in Illetas, einer Top-Lage im Südwesten der Insel, hatte einen Hammer-Meerblick, eine gute Ausrichtung und zudem gehörte noch ein PKW-Stellplatz dazu, der das Angebot abgerundet hatte. Eine Wohnung mit sehr viel Potential und einem realistischen Einkaufspreis.

Bei solch optimalen Eckdaten sollte man als intelligenter Investor doch eigentlich nicht lange überlegen müssen, oder was meint ihr?

Es ging dann alles sehr schnell, der Deal wurde innerhalb kürzester Zeit abgewickelt und wir hatten dadurch unseren ersten Verkauf. Das war ein Schnellstart, wie man sich diesen als Startup nur wünschen kann.

Für ihn hat sich das Investment jedenfalls gelohnt, denn die Immobilie hat sich trotz Corona **gut und gewinnbringend** verkaufen lassen können.

Schade, dass wir zu dieser Zeit noch nicht unsere heutige Investmentfirma hatten, denn da hätten wir ganz bestimmt ebenso zugeschlagen!

Der Verkauf sprach sich natürlich schnell rum, wir betrieben zudem viel Marketing und unsere Marke erlangte dadurch immer mehr Bekanntheit. Auch gingen wir einige Kooperationen ein, sei es mit Bauträgern oder mit anderen Immobilienfirmen, um uns noch breiter aufzustellen. Dabei lag unser Fokus darauf, dass wir dadurch unser Portfolio ausbauen konnten, sodass wir zum Launch unserer Internetseite gleich sehr abwechslungsreich auftreten konnten. Wir waren auf einem sehr guten Weg und zwischen uns allen herrschte ein toller Team-Spirit!

Dann war die Website endlich live, ich meine, das hat sich noch in den Januar 2020 gezogen, aber das Warten hat sich jedenfalls gelohnt. Die Seite war top, überdurchschnittlich schnell und richtig innovativ. Zudem war das Erscheinungsbild sehr ansprechend und „clean" gehalten. Eine sehr moderne Seite, auf der man gerne verweilte.

Unsere Internetseite hatte so viel Performance-Potential, sodass unser Geschäftspartner irgendwann auf die Idee kam, dass wir diesen Vorteil nutzen sollten, und wir doch eigentlich viel mehr Kooperationspartner an Bord holen müssten, die ebenso von der Geschwindigkeit und Nutzerfreundlichkeit unserer Seite profitieren könnten.

Die Idee klang logisch, doch wie sollte das aussehen? Etwa wie ein Immobilienportal oder eine Immobilienplattform?

Wir waren doch ein Immobilienunternehmen, das klassisch im Vertrieb tätig war, und kein Lead-Generator für Makler. *Schließlich bin ich ein Vollblutverkäufer* und wir hatten unter ganz anderen Bedingungen/Absprachen gestartet, war dabei mein Grundgedanke.

Wir konnten nicht beides sein und so folgten mehrere Team-Meetings und Besprechungen zu eben genau diesem Thema. Das war ziemlich zeitgleich, als Corona bei uns auf Mallorca „losging", also im März 2020, und bei dem einen oder anderen Kollegen brach eine riesige Panik aus. „Wir befinden uns im Dritten Weltkrieg", sagte einer aus der Runde mit angespannter Stimme, und ich kann mich noch sehr gut an eine darauffolgende Diskussion erinnern, in der ich meinte, dass der Immobilienmarkt auf Mallorca, zumindest in beliebten respektive in gefragten Lagen der Insel stabil bleiben wird, und man sich keine Sorgen zu machen bräuchte, dass es einen Immobilien-Crash bei uns geben wird. Klar, die Insel wurde kurz darauf „dicht" gemacht, Kunden konnten nicht nach Mallorca zum Besichtigen kommen, aber das war ja nur temporär und Mallorca würde ganz sicher eines der beliebtesten Urlaubsdomizile im europäischen Raum bleiben!

(Erreichbarkeit, ganzjährige Infrastruktur, Wetter, Strände, Meer, die Stadt Palma, Yachthäfen, Sicherheit, ärztliche Versorgung, Sport und vieles mehr.)

Was hat denn also der eine oder andere Kollegen damals gedacht!? Dass dieser Zustand etwa für immer anhalten wird!? Ich konnte diese ganze Panikmache jedenfalls nicht nachvollziehen und den Blicken nach zu urteilen wurde ich wohl in dem Moment meiner Aussage für verrückt erklärt. Das war mir allerdings herzlich egal, und so bin ich einfach positiv geblieben und habe diese ganze Schwarzmalerei nicht an mich rangelassen!

Dass sich seinerzeit eine absolute Scheiß-Situation entwickelte, auch weltweit, dessen war ich mir natürlich bewusst. Ich wollte mir nur nicht einreden lassen, dass der Immobilienmarkt auf Mallorca zusammenkrachen wird und unser Business am Arsch ist. Im Nachhinein habe ich auch recht behalten, denn, als die Insel wieder „offen" für Käufer und Investoren war, hat der mallorquinische Immobilienmarkt einen regelrechten Boom erlebt!

Aber unser Geschäftspartner, der die Mehrheitsanteile an der Firma besaß und somit die Entscheidungsgewalt hatte, war irgendwann von der Idee, unsere Seite als erweiterte Produkt-Vermarktungs-Möglichkeit für andere Makler anzubieten, so überzeugt, dass er diese Überlegung unbedingt umsetzen wollte.

Mein anderer Kollege und ich waren ein eingespieltes Team und wir hatten beide richtig Bock auf Immobilienverkauf gehabt und wir wollten den Markt rocken, aber letzten Endes trafen wir gemeinsam die Entscheidung, uns doch auf das Abenteuer Immobilienplattform einzulassen.

Klar, wir als Firma waren nicht die Ersten mit dieser Idee, aber wir hatten uns vorgenommen, dass wir durch innovative Zusammenarbeit mit unseren Partnern direkt vor Ort mehr bieten als andere Plattformen vor uns.

Also haben wir zu Beginn des Lockdowns erst einmal die Maklerkollegen und Firmen angerufen, zu denen wir einen persönlichen Draht hatten, um dadurch schnellstmöglich unsere Website zu füllen. Das war mit Leichtigkeit umzusetzen, denn wir hatten ja sehr viel Zeit gehabt und wir waren schließlich an unsere Wohnungen & Häuser unfreiwillig gebunden.

Etwas problematisch dabei allerdings war, dass wir vorerst unsere „eigenen" Immobilienangebote von unserer Seite runternehmen mussten. Sonst hätten unsere Kooperationspartner bestimmt vermutet, dass wir unsere Seite mit deren Content stärken wollten, um wiederum potentielle Käufer auf unsere eigenen Produkte zu lenken.

Aber wir wollten natürlich transparent sein und korrekt, sodass wir keine eigenen Immobilien mehr bewarben, bis auf die Handvoll Liegenschaften, die wir exklusiv im Programm hatten, oder die, die aus Eigenbestand waren.

Also war die Absprache die, dass wenn wir eine Anfrage auf ein Angebot des Partners erhalten haben, dieser Lead 1:1 weitergeleitet wurde, ohne dass wir diesen in irgendeiner Form selbst bearbeitet hatten. Es gab lediglich eine E-Mail an den Kunden, in der wir uns für die Anfrage über unser Immobilienportal herzlich bedankten und dass unsere Partneragentur XY sich schnellstmöglich mit dem Kunden in Verbindung setzen würde.

Und, wie sollte sich das Ganze für uns rentieren?

Wir hatten mit unseren Partnern eine schriftliche Absprache, dass wir bei erfolgreicher Vermittlung eines jeden Käufers dafür eine Zuführungsprovision erhielten. Ein eher triviales Konzept, was sich aber hätte durchaus rechnen können.

Für unsere Kooperationspartner gab es nur Vorteile dadurch, sodass wir gleich zu Beginn einige Partner an Bord holen konnten. Das war für uns und unsere Seite natürlich gut, allerdings hatten wir noch keine Schnittstelle, über welche die Angebote von unseren Partnern hätten ganz easy auf unsere Seite übertragen werden können.

So mussten deren ganzen Objekte erst einmal händisch in unser System eingepflegt werden, sodass diese auch online auf unserer Website zu sehen waren. Zudem mussten noch Texte für jede Region, in der sich die angebotenen Immobilien befanden, geschrieben werden, sodass wir die Seite mit Keywords und Content fürs Google-Ranking attraktiv bekamen. Mein Kollege und ich schafften auf diesem Wege in wenigen Wochen, unsere Website mit mehreren hundert Angeboten und zahlreichen Keywords für die Suchmaschinen zu erweitern, sodass wir nach und nach den gewünschten Plattform-Charakter bekamen. Aber um ehrlich zu sein, waren diese „Aufgaben" für mich eine absolute Qual, denn mehrere Stunden vor einem Computer zu sitzen und stupide copy & paste-Arbeit zu leisten, ist für jemanden, der grundsätzlich gerne in Bewegung ist, alles andere als angenehm. Mir ist immer sehr schnell langweilig und zudem fehlt es mir an Geduld. Aber da wir uns sowieso zu dieser Zeit nicht großartig bewegen konnten, denn wir waren ja Corona-bedingt eingesperrt, musste ich da halt irgendwie durch. Zudem hatte ich den Kollegen auch meine Zusage gegeben, dass ich mit an Bord gehe und wir gemeinsam den Immobilienportal-Kurs einschlagen, wenn auch eher ungern. Auch da blieb ich trotzdem meiner Divise treu: Keine halben Sachen, alles muss immer zu hundert Prozent erledigt werden. So monoton und langweilig diese Art von Arbeit auch war, steckte schließlich ein Sinn dahinter, denn wir wollten als Plattform wachsen und waren dadurch auf einem guten Weg. Auch war das zum Glück nur eine temporäre Angelegenheit, denn wir hatten bereits eine Schnittstellenprogrammierung in Auftrag gegeben.

Ab einem gewissen Zeitpunkt, sprich, nachdem Mallorca wieder „offen" war, gingen bei uns nach und nach die ersten Anfragen ein, und so ziemlich jeder unserer Partner bekam potentielle Kaufkunden für deren individuellen Angebote zugeführt. Es schien also zu funktionieren und das hieß ebenso, dass unsere Arbeit nicht umsonst gewesen war. Das motivierte uns natürlich und zeigte auch, dass die Idee Früchte tragen sollte.

Bitte versteht mich richtig: Seine Überlegung an sich, ein Immobilienportal darzustellen, war für mich schon nachvollziehbar und ich teilte auch seine Meinung darüber, dass unsere Seite eigentlich zu viel Potential für ein „kleineres" Immobilienunternehmen hatte, welches wir alleine nicht hätten ausschöpfen können. Die Frage, die sich mir dabei allerdings stellte, war, ob der Managing Partner eines Immobilienportals zu sein, eigentlich das war, was ich wollte? Ich bin leidenschaftlicher Vertriebler und wollte Immobilien verkaufen. Mein Kollege wollte das ebenso und schließlich war das auch unser gemeinsames Vorhaben bei der Firmengründung gewesen. Doch plötzlich sahen wir uns ausschließlich noch mit administrativen Aufgaben konfrontiert.

Bei meinem Kollegen hat es dann nicht mehr allzu lange gedauert, bis er sich dazu entschieden hat, sich umzuorientieren. Das war, so meine ich, im Oktober 2020, nur ca. ein Jahr nach Gründung unseres Unternehmens. Ich fand das natürlich sehr schade, denn wir hatten bereits die Jahre zuvor Seite an Seite „gekämpft" und immer viel Spaß an unserer Zusammenarbeit gehabt. Auch hatten wir beide sehr viel Herzblut,

Arbeit und Fleiß in die Firma eingebracht, sodass es für uns echt schwierig war, die Gesamtsituation zu akzeptieren.

Ebenso wie mein Kollege merkte auch ich, dass meine neuen Aufgaben auf lange Sicht nicht die sind, die mich mit Freude erfüllen und an denen ich Spaß hatte. Ich konnte mich selbst nicht mehr richtig motivieren, das war etwas, das ich so überhaupt nicht von mir kannte. Dennoch erledigte ich meine Arbeit bestmöglich, die sich auf die Weiterleitung von Leads, Daten- sowie Kontaktpflege zu unseren Kooperationspartnern, Akquise von neuen Maklern für unser Portal und dem Social Media Marketing auf Instagram belief. Das waren größtenteils Aufgaben, denen viel Sitzfleisch abverlangt wurde, welches ich eigentlich nicht habe.

Das war einfach nicht meine Welt, denn ausschließlich vorm Computer zu sitzen, passt nicht zu mir. Mir fehlte etwas Gravierendes und das war meine Leidenschaft, etwas zu tun, wofür ich selbst brenne! Ich musste wieder zurück an die Front und alles in Grund und Boden verkaufen, was ging. **Der weiße Hai in mir wollte zurück ins Becken!**

So sollte dann auch für mich dieses Kapitel ein Ende finden und ich hatte einen Entschluss gefasst. Nur wollte ich aus Fairness den Kollegen gegenüber keinen radikalen Cut machen und bat somit um ein Gespräch mit meinem ehemaligen Geschäftspartner. Ich teilte ihm mit, dass ich gerne noch bis Ende März 2021 als Managing Partner im Unternehmen bleiben möchte und bis zum letzten Tag in unserer Firma zuverlässig im Einsatz sein wollte. So gab es für ihn genug Zeit, um sich strukturell darauf einzustellen, und um alles Weitere für die Zeit nach meiner Übergabe zu planen.

Er fasste das gut auf und konnte meine Gründe/Argumentation nachvollziehen. Er kommt selbst aus dem Vertrieb und ist, ebenso wie ich, ein Vollblutverkäufer, den ich zudem sehr schätze. Somit hat es mich auch nicht gewundert, dass er das rational betrachtet hat, denn die Immobilienplattform war für ihn nur eines von mehreren Unternehmen, auf dem nicht sein Hauptfokus lag. Anders als für uns, denn für uns war das unser „Daily Business".

Mir war klar, dass ich nun eine eigene Firma gründen würde, in der ich ausschließlich mein eigenes Konzept umsetzen konnte, mich somit in keinerlei Abhängigkeit begebe und dadurch mein eigenes Ding machen kann, so wie ich es für richtig halte.

In der Vergangenheit habe ich mich stets auf mein starkes privates Netzwerk verlassen können und dadurch war es naheliegend, dass ich mein Firmenkonzept danach ausgerichtet habe. Seit 2011, bis heute, habe ich über die vielen Jahre sehr wertvolle Kontakte in alle möglichen Branchen knüpfen können, sodass sich darauf also strukturiert aufbauen ließ.

Ich kenne wirklich sehr viele Menschen hier auf Mallorca. Überall treffe ich von den ganzen Bekanntschaften jemanden, ganz egal, wo ich hingehe oder wo ich gerade bin, und weiß somit mittlerweile auch, auf wen Verlass ist, wen ich bedenkenlos in Verkaufsprozesse einbeziehen kann, und wen nicht. Häufig ist das schon ein wenig nervig, sich „andauernd" auszutauschen, und oftmals auch einfach unpassend, aber kommunikativ zu sein, gehört in unserer Branche für mich eben dazu.

Letztendlich haben wir jahrelange Expertise und bieten unseren Kunden dadurch Sicherheit beim Kauf oder beim Verkauf von Immobilien. Zudem haben wir die nötige Kompetenz und arbeiten ausschließlich mit selektierten Unternehmen zusammen, was einen großen Mehrwert für jeden unserer Kunden beim Immobilienerwerb sowie darüber hinaus bietet, denn wie heißt es so schön:

Teamwork makes YOUR DREAM work!

Kapitel 7

Nutze dein Netzwerk!

Kurz nachdem ich nun meinen eigenen Weg einschlagen wollte, bekam ich einen Anruf von dem Firmeninhaber eines Immobilienunternehmens, das Niederlassungen in Palma und im Südwesten der Insel sowie darüber hinaus hat. Ihm wurde zugetragen, dass ich nicht mehr Managing Partner dieser Immobilienplattform sei, und somit sah er die Möglichkeit, mich für seine Firma zu gewinnen. Sie benötigten einen Verkaufsleiter für den Südwesten, der sich um den Vertrieb in diesem Einzugsgebiet, sprich um die einzelnen Büros, kümmern sollte. Gute Immobilienmakler sind Mangelware hier auf Mallorca, das weiß jeder Unternehmer auf der Insel, der professionelle Verkäufer für seine Immobilienagentur sucht, und deshalb wollte er mich auch unbedingt haben. Er machte mir somit ein ziemlich verlockendes Angebot, mit einem relativ hohen Festgehalt für die Branche. Zudem hätte ich auch in dieser Firma an jedem einzelnen Verkauf innerhalb des Verkaufsgebiets partizipiert und dazu noch eigene Kunden „bedienen" dürfen. In dieser Position hätten meine Verdienstmöglichkeiten, also aller Wahrscheinlichkeit nach, hoch sein können. Das Gespräch war sehr freundlich, aber so schmackhaft es auch klang, habe ich letzten Endes abgesagt, denn ich hatte mir ja in den Kopf gesetzt, dass ich nun mein eigenes „Ding" machen werde.

Wenn ich mir etwas vorgenommen habe, ist es sehr schwierig, mich von meinem Vorhaben abzubringen. Da bin ich wohl ein wahrer Sturkopf, würde meine Mutter jetzt sagen.

Ich hatte meine Firma bereits Anfang 2019 gegründet, die ich dann allerdings erst im April 2021 aktiviert habe. Meine Idee war es damals, mit dieser GmbH klassische Immobilien-Investments zu tätigen, weshalb ich die Firma auch ganz simpel **Steinmetz Investments** genannt habe.

Das war kein Geheimnis und ein Vorhaben von mir, über das ich offen sprach. Auch lief die Gründung transparent und in Absprache mit meinem ehemaligen Arbeitgeber ab, denn zu der Zeit war ich ja noch Büroleiter bei ihm. Der Grund, für eigene Investments eine Firma zu gründen, war naheliegend, denn ich wollte dieses Business von meiner eigentlichen Maklertätigkeit differenzieren.

Eine Firma hatte ich also bereits und musste nur noch mein Konzept überdenken, denn primär ging es mir nicht mehr nur ausschließlich um eigene Investments, sondern auch um den Vertrieb von Immobilien, denn das war das, was mir am meisten gefehlt hatte.

Ich hatte kurz drüber nachgedacht umzufirmieren, aber letzten Endes dachte ich mir, dass schließlich der klassische Erwerb einer Immobilie ebenso ein Investment ist, und zwar ein Investment in Lebensqualität. Es ist nicht nur die Immobilie, die ein Kunde kauft, sondern ebenso das positive Gefühl von Freiheit und Unabhängigkeit. Alleine der Gedanke, aufs Meer zu schauen, die Meeresbrise einzuatmen, oder einfach entspannt bei Sonnenschein durch die wunderschöne City zu schlendern, setzt Endorphine frei.
Wer bekommt bei dem Gedanken daran denn keine Lust, eine eigene Immobilie auf Mallorca zu besitzen?

Dies ist die entsprechende Lebensqualität, in die wir investieren, und somit habe ich das nicht nur in meinem Firmennamen stehen lassen, sondern ebenso in meinen Slogan übernommen, der lautet: **Investieren Sie in Lebensqualität!**

Meinen Nachnamen habe ich auch stehen gelassen, denn Investments aus Eigenbestand sind Immobilien, von denen wir nicht nur selbst überzeugt sind, sondern uns ebenso mit diesen hundertprozentig identifizieren können. So gewährleisten wir dem Käufer, dass er grundsätzlich eine qualitativ hochwertige Immobilie in einer guten Lage einkauft und dadurch sein Geld auch sinnvoll anlegt. Ich bin davon so überzeugt, dass ich dafür mit meinem Namen stehe. Bei den klassischen Immobilienangeboten war/ist das ebenso. Unseren Kaufinteressenten wird bei uns nur das Beste angeboten, denn alles andere passt einfach nicht zu unserer Klientel und zu uns als Firma.

So entschied ich mich also dazu, die Marke einfach so zu lassen. Zudem finde ich auch die Doppeldeutigkeit des Logos, die sich durch die beiden Anfangsbuchstaben ergibt, sowie die Aussage, die dahintersteckt, echt top. **SI** kann man ebenso als **JA** verstehen, also auf Spanisch. JA zu uns, JA zu unseren Produkten und grundsätzlich JA zu Mallorca. Das passt doch super und in Zukunft wird euch nun mein Firmenname durch den Kopf gehen, wenn ihr das Wort SI hört. Kleiner Scherz am Rande.

Das Logo hatte ich nachträglich noch von einem Profi optimieren lassen, aber nicht nur vom Design her, sondern ebenso von den Farben, die ja bei jeder Marke eine gravierende Rolle spielen.

Mein Tipp an dich, wenn du dir ein Logo überlegst:
Setze dich vorab mit Farbpsychologie auseinander. Das ist ein spannendes Thema. Jede Farbe löst in dir, bewusst oder unbewusst, eine Reaktion beziehungsweise ein Gefühl aus. Dessen musst du dir bewusst sein und dir vorab die Frage stellen, wofür deine Marke stehen soll und was für eine Message du damit transportieren möchtest. Dann schaust du dir die Farben an, die zu deiner Aussage passen und überlegst dir, wie du diese in deinem Logo unterbringen kannst.

In unserem Logo habe ich mich für die folgenden Farben entschieden:

Dunkelgrau = Professionalität, Kompetenz, Eleganz
Weiß = Perfektion, Transparenz, Ordnung
Orange = Optimismus, Dynamik, Lebensfreude

Ich habe viel Wert auf einen hohen Wiedererkennungswert gelegt, sodass sich diese Farben auch konstant durch unsere Website ziehen. Unsere Internetseite habe ich zudem sehr nutzerfreundlich und optisch simpel gestalten lassen, sodass sich der Kunde bei uns auch wohlfühlt und gerne auf der Seite verweilt.

In Kapitel zwei hatte ich kurz angerissen, wovon ein Kaufinteressent überzeugt sein muss, damit dieser eine Anfrage bei euch über die Website stellt. Ihr solltet das so sehen: Eure Website ist wie ein **Verkäufer** zu betrachten und da geht es natürlich bei der Optik los, und ein Verkäufer sollte stets ein stilvolles Auftreten haben. Ergo, das Erscheinungsbild der Internetseite muss ordentlich sein. Das ist der erste Eindruck, den ein Kunde von eurer Firma bekommt und wodurch ihr bereits sein Interesse weckt, oder auch nicht. Dann geht es natürlich um das **Produkt**, sprich um Fotos und Texte. Da muss ebenso alles passen und professionell wirken. Du kannst keine selbstgemachten Fotos mit schlechtem Licht, minderer Qualität und fehlender Ordnung auf deiner Seite hochladen, nicht in unserem Preissegment. Es funktioniert nicht, dass du mit einer mangelhaften Präsentation Kunden für deine Produkte gewinnst. Das Erscheinungsbild muss zur Immobilie passen, denn eine gute Präsentation ist der Schlüssel zum Erfolg. Zuallerletzt muss der Interessent noch von deiner **Firma/dir** überzeugt sein, damit ein Kauf auch stattfindet. Welchen Mehrwert könnt ihr dem Kunden bieten, damit er über euch eine Immobilie erwirbt? Das muss dem potentiellen Käufer auf Anhieb klar werden.

Zu Beginn mit meiner Firma startete ich allerdings auch erst mit klassischem Vertrieb. Ich bot Immobilien an, die sehr hochwertig waren, und habe dabei mein Hauptaugenmerk auf ein „kleineres" Portfolio gelegt, denn ich wollte nicht auf Quantität gehen. Ausschließlich qualitativ hochwertige Produkte habe ich in mein Portfolio aufgenommen, hinter denen ich selbst stand.

Mittlerweile konzentriere ich mich allerdings eher auf eigene Investments/Projekte, weshalb ich so gut wie alle anderen Angebote, bis auf wenige Ausnahmen, von meiner Seite genommen habe.

Zudem hatte ich mich auf gezieltes „property finding" konzentriert.

Es gab und gibt in meinem privaten Netzwerk immer wieder Interessenten, die über eine Empfehlung von Freunden oder von ehemaligen Kunden zu mir gekommen sind, oder kommen, und für die ich dann mit einem konkreten Suchauftrag Immobilien finde. Auch dabei habe ich wieder selektierte Maklerfirmen, mit denen ich zusammenarbeite, wenn ich eine infrage kommende Immobilie nicht selbst kurzfristig aufnehmen kann. Damit bin ich ebenso in der Vergangenheit erfolgreich gewesen.

Und dann gibt es da noch eine weitere Sparte, die ich neben Investments, dem klassischen Vertrieb und dem gezielten Suchen im Auftrag von Kunden abdecke, und zwar betreue ich Eigentümer beim Verkaufsprozess mit meinem SI-Konzept.

Was genau beinhaltet dieses Konzept und wie kam ich zu dieser Überlegung?

Es kommt oftmals vor, dass ehemalige Käufer von mir, also sprich Kunden, die über mich in der Vergangenheit eine Immobilie gekauft haben, diese nach etwas Zeit wieder verkaufen wollen. In vielen Fällen wollen sich Eigentümer nach einem gewissen Zeitraum entweder vergrößern oder verkleinern. Aufgrund der positiven Erfahrung, die meine Kunden mit mir während und nach dem Kauf gesammelt haben, kam es bereits in der Vergangenheit öfter vor, dass ich deren Immobilien exklusiv in mein Angebot aufnehmen durfte. Viele der Eigner wollten/wollen nur mit mir zusammenarbeiten, da diese einfach keinen Bock auf andere Makler hatten/haben.

Das ärgert natürlich größere Firmen, aber so ist es und ein derartiges Vertrauen in mich und meine Arbeit musste ich mir auch erst einmal erarbeiten!

Wie bereits in einem vorherigen Kapiteln erwähnt, habe ich das folgende Konzept selbst nicht erfunden, sondern lediglich optimiert.

Meine Überlegung war eigentlich simpel:

In der Regel beauftragen Eigentümer drei bis sechs Immobilienagenturen mit dem Verkauf einer Liegenschaft. Dadurch steigt die Wahrscheinlichkeit für einen schnellen Verkauf, worin schließlich das Interesse aller Beteiligten liegt. Der Austausch mit vielen einzelnen Maklern wird auf Dauer lästig, denn oftmals variieren fluktuationsbedingt sogar die Ansprechpartner innerhalb einer Firma. Ergo, der Ansprechpartner von heute ist nicht immer der Ansprechpartner von morgen. Diese Erfahrungen habe ich als Eigentümer und Investor selbst machen dürfen. Auch verhalten sich viele Makler in ihrer Tätigkeit unzuverlässig und unprofessionell, was zu unnötigem Stress und Ärger beim Eigentümer führt.

Wer hat da denn schon Lust drauf!?

Auf dem ließ sich aufbauen und so bin ich irgendwann der Frage nachgegangen, ob ich unter den genannten Bedingungen einen Mehrwert bieten könnte, um Eigentümern den individuellen Verkauf zu erleichtern und angenehmer zu gestalten.

Ja, das geht: Es gibt nur EINEN Ansprechpartner, der den gesamten Prozess professionell, zuverlässig und gewissenhaft für die Eigentümer betreut, und der den Verkauf mit ausschließlich selektierten Maklern koordiniert.

Ein Rundum-sorglos-Paket für den Eigner quasi.

Mein Konzept funktioniert, und hat bisher bei jedem Eigentümer, der mit mir in der Vergangenheit zusammengearbeitet hat, Früchte getragen. Denn ich habe das richtige Netzwerk, auf das ich zurückgreifen kann. Meine Kooperationspartner sind ausschließlich Profis, auf die Verlass ist. Das gilt gleichermaßen für Anwälte, Steuerberater, Bauträger, Küchenstudios und Möbelgeschäfte. Mit denselben Firmen arbeite ich privat sowie geschäftlich zusammen, und kann diese somit mit bestem Gewissen weiterempfehlen.

Ebenso bietet sich durch mein Konzept ein enormer Vorteil für die einzelnen Immobilienfirmen, die ich an Bord hole. Alle Dokumente, die relevant für den Verkauf sind, werden von Beginn an bereitgestellt und bei jeder einzelnen Besichtigung werden die Liegenschaften von mir optimal vorbereitet, sodass sich auch die Makler entspannt zurücklehnen können. Denn wie wir wissen, geht es um den ersten Eindruck, den ein potentieller Käufer bei der Besichtigung erhält, und dass dieser bestmöglich ausfällt, wird von mir mit meinem Konzept gewährleistet.

Auch erhalten die Makler ihre Provision bei erfolgreicher Vermittlung und werden somit durch mich respektive durch mein Konzept nicht benachteiligt. Nur laufen die Verhandlungen mit dem Eigentümer natürlich über mich, sodass eine Preiseinigung oftmals auch einfacher ist, da ich ja in der Regel einen persönlichen Draht zu den Eignern habe.

Die Interessen des Eigentümers sowie des Immobilienmaklers werden in meinem Konzept gewahrt und dadurch ist natürlich grundsätzlich Motivation vorhanden, was sehr positiv für eine fruchtbare Zusammenarbeit aller Parteien ist.

Und wie rentiert sich das SI-Konzept für mich?

Also, ich partizipiere prozentual am erzielten Verkaufspreis. Das ist die Absprache mit den Eigentümern und eine faire Vergütung für meinen Einsatz, denn jeder Verkauf ist individuell und nimmt viel Zeit in Anspruch, wenn der Prozess so professionell und zuverlässig betreut wird, wie durch mich und mein Konzept.

Aus Eigentümersicht mit eigener Erfahrung würde ich jederzeit auf dieses Konzept zurückgreifen!

Erstens weil ich dadurch meinen Verkauf beschleunige und zweitens da ich aus eigener Expertise weiß, wie unerlässlich es ist, einen kompetenten Ansprechpartner zu haben.

Den „Inkompetenz-Vogel" hat nämlich bei mir persönlich einmal eine Firma abgeschossen, der ich einen Schlüssel zu meiner eigenen Wohnung für Besichtigungstermine ausgehändigt hatte, sodass diese auch spontan die Immobilie zeigen konnte.

Ich kann mich noch gut daran erinnern, dass ich an einem Donnerstagnachmittag eine WhatsApp-Nachricht von einem Makler erhielt, der am Wochenende meine Wohnung zeigen wollte, und es war Regen vorhergesagt. „Optimale Voraussetzungen", scherzte ich noch mit dem Makler. Tatsächlich hat es an diesem Wochenende heftig geregnet und als ich am darauffolgenden Montag immer noch kein Feedback erhalten hatte, bin ich intuitiv zu meiner Immobilie gefahren, um nach dem Rechten zu schauen. Man kann ja nie wissen.

Beim Betreten der Einheit kam mir gleich ein leichter Wind entgegen und ich wusste, dass da etwas nicht stimmte. Also ging ich in mein Apartment hinein und stellte fest, dass die Schiebetür zu meinem Außenbalkon offenstand. Im Badezimmer brannte noch Licht und meine Stühle im Essbereich standen kreuz und quer.

Was ging denn hier bitte schön ab!?, fragte ich mich entsetzt.

So geht man nicht mit fremdem Eigentum um, aber möglicherweise gab es ja einen guten Grund für all das. Also rief ich den Makler direkt mal an und fragte ihn ganz freundlich, wie denn die Besichtigung verlaufen sei und ob er wisse, dass meine Balkontür offenstand, und die Beleuchtung im Badezimmer über das Wochenende 24/7 an gewesen ist.

Seine Antwort war ganz nüchtern. Er hatte schon vermutet, dass er vergessen hatte, meine Balkonschiebetür zu schließen (bei strömendem Regen) und wollte nachmittags einmal nachschauen gehen, da er einfach noch nicht dazugekommen wäre …

Ok, wir halten fest, dass die Besichtigung samstags stattgefunden hat, und als wir miteinander sprachen, war es bereits Montagmittag. Was war eigentlich mit Sonntag, da hätte er doch bestimmt Zeit dafür gehabt, um Sicherheit zu haben, dass er meine Wohnung auch pflichtbewusst verlassen hat. Na ja, da war ja noch Wochenende, und somit hatte er wohl einfach keine Zeit fürs Geschäft.

Ich hätte den Kollegen mal fragen müssen, was er eigentlich hauptberuflich macht, denn Immobilienmakler kann es wohl nicht gewesen sein.

Meiner Meinung nach ist so ein Verhalten unprofessionell und geht gar nicht in unserer Branche.

Klar, Fehler können passieren, das ist menschlich, aber mit einer derartigen „Scheißegal-Haltung", die der Kollege da an den Tag gelegt hat, wird man es niemals zu etwas bringen.

Da muss grundsätzlich viel mehr Elan und Interesse vorhanden sein, damit Eigentümer und Kunden zufrieden sind.

Die Konsequenz daraus ist, dass ich mit dieser Agentur und vor allem mit diesem Makler auch in Zukunft nicht mehr zusammenarbeiten werde. Diese Tür ist und bleibt zu.

>**Meine Empfehlung:**
>*Verlasse eine Immobilie immer so, wie du sie vorfinden möchtest!*

So etwas passiert leider öfter auf Mallorca, vielleicht aber auch, da sich wirklich jeder hier Makler nennen darf, denn dies ist bei uns kein geschützter Berufsbegriff. Vielleicht wird sich das in Zukunft ja ändern, aber noch ist dem nicht so.

Der Mensch ist ein Gewohnheitstier, so sagt man, aber ich persönlich kann mich einfach nicht an Inkompetenz, Unzuverlässigkeit und an die „mediterrane Pünktlichkeit" gewöhnen. Es fällt mir leider immer noch, nach so vielen Jahren, sehr schwer, dass ich mich nicht über Unfähigkeit von Menschen aufrege.

Aber genauso wie ich negative Erfahrungen mit einzelnen Maklern und Agenturen gesammelt habe, habe ich auch positive Erfahrungen mit Immobilienfirmen und einzelnen Verkäufern gemacht. Mit diesen arbeite ich heute sehr gerne zusammen, und dadurch weiß ich auch, wer eine gute Verkaufsperformance an den Tag legt, und wer nicht.

Es kommt oft vor, dass Firmen direkt auf mich zukommen, entweder um zu kooperieren, oder um unsere Immobilien in deren Portfolio aufzunehmen. Wenn es einen seriösen Käufer gibt, können Besichtigungen natürlich stattfinden, aber offiziell bekommen nur die Makler unsere Produkte ins Programm, mit denen ich auch zusammenarbeiten möchte. Ich suche mir eben aus, wen ich zur „Party" einlade, und wen nicht.

Mit meinem Konzept garantiere ich auch, dass Eigentümer von den oben genannten Erfahrungen verschont bleiben, denn **wir sind Profis und arbeiten auch nur mit Profis!**

Was ich bei einigen Immobilienmaklern einfach unprofessionell empfinde, ist, dass es vielfach nicht einmal ein Feedback nach Besichtigungsterminen gibt. Einen Eigentümer interessiert es natürlich, wie die Besichtigungen gelaufen sind, aber ohne eine Information dazu zu erhalten, weiß man ja nicht, was die Kunden sagen.

Es kam leider auch bei mir des Öfteren vor, dass ich als Eigentümer den Vermittlern, mit denen ich ja letztendlich einen Verkaufsauftrag für eine gewisse Leistung unterschrieben habe, hinterher telefonieren musste, um ein Feedback zu erhalten. Das empfinde ich als absolut amateurhaft, ihr nicht auch?

Solchen „Vermittlern" sollte man eigentlich Folgendes sagen:

Tue einfach das, was du am besten kannst, und zwar NICHTS!

> **Kleiner Tipp:**
> *Du solltest IMMER ein Feedback geben und die Eigentümer auf dem Laufenden halten. Schließlich erwarten diese das auch. Entweder in Form eines Anrufs oder eines schriftlichen Besichtigungsberichts via E-Mail.*

Zudem ist es grundsätzlich ratsam, in konstantem Austausch mit Immobilienbesitzern zu stehen, denn das schafft eine professionelle Geschäftsbeziehung und kann Verhandlungen vereinfachen.

In meinem Konzept gibt es immer ein Feedback, das ich mir für die Eigentümer einhole, und darauf ist Verlass.

Abschließend zu meinem Konzept ist zu sagen, dass ich auch dabei wieder nicht auf Masse gehen wollte, sondern erneut auf Qualität vor Quantität gesetzt habe. In der Regel kommt das Konzept nur noch mit Eigentümern aus meinem privaten Netzwerk zu tragen, oder bei Weiterempfehlungen von Freunden und Kunden. Meine Kernkompetenz liegt dabei im Südwesten der Insel, denn dort kenne ich mich am besten aus und habe in dieser Region meine selektierten Kooperationspartner. Dadurch macht mein Konzept gemeinsamen Erfolg planbar.

Heute liegt mein Fokus allerdings mehr auf klassischen Immobilien-Investments, denn diese decken für mich das Gesamtspektrum der Immobilienbranche ab.

Wir haben drei Phasen, und jede einzelne liebe ich.

1. Einkaufen
2. Veredeln
3. Verkaufen

Beim **Einkaufen** besichtigen wir unterschiedliche Immobilien, gehen gedanklich Veränderungsmöglichkeiten vor Ort durch, und erkennen wir ein Wiederverkaufspotential, platzieren wir ein Gebot, damit wir die Verhandlungen starten können. Es ist immer sehr spannend, zu sehen, wo die Reise hingeht, denn jede Partei versucht natürlich, den bestmöglichen Preis für sich zu erzielen, was auch völlig legitim ist. Am Ende muss eben geschaut werden, wie weit man sich preislich annähern kann und ob man final auf einen gemeinsamen Nenner kommt.

Für das **Veredeln** treffen wir uns vorab mit Bauträgern, lassen Grundrisspläne und professionelle Renderings erstellen, haben Termine mit Küchenausstattern, Möbelhäusern et cetera und planen das Projekt detailliert durch. Diese kreative Phase ist zwar sehr zeitintensiv, aber bringt auch viel Spaß. Das Coolste daran ist, zu sehen, was wir aus den Immobilien rausholen und den ganzen Vorher-Nachher-Prozess mitzuerleben. Allerdings wird es häufig doch ziemlich stressig, denn bei Projekten kommt es gerne mal zu „Überraschungen", die man vorab so nicht einkalkuliert hat. Da könnte ich jetzt sehr weit ausholen, aber das lasse ich an dieser Stelle lieber bleiben. Ich denke, jeder, der schon einmal eine Immobilie saniert oder umgebaut hat, weiß ganz genau, was ich meine und alle anderen können es sich vielleicht denken.

Zuletzt kommt dann der **Verkauf**. Das eigene Produkt den Maklern und Kunden zu präsentieren, sein Konzept zu verkaufen, die Begeisterung von Interessenten zu sehen und zu wissen, dass wir das Maximum aus unserem Projekt für den Endkunden herausgeholt haben, ist für mich die Kirsche auf der Sahnetorte! Mehr geht wirklich nicht und deshalb liebe ich diese „Arbeit" auch so sehr.

Allerdings sind Investments grundsätzlich mit Risiken verbunden und eine Garantie, damit einen hohen Return zu erzielen, ist nie zu hundert Prozent gegeben, denn schließlich haben wir alle keine Glaskugel. Aber, dass der Immobilienmarkt auf Mallorca einbricht, gerade in gefragten Gegenden, halte ich für sehr unwahrscheinlich. Wer in unsere Produkte investiert, investiert nicht nur in Qualität, sondern auch in Lage, und das spricht meiner Meinung nach für Werthaltigkeit und Stabilität.

Ich bin davon selbst so sehr überzeugt, dass ich eigene Gelder in Immobilien auf Mallorca anlege, und nicht nur anderen dazu rate, ohne auch eine persönliche Expertise mitzubringen. Privat war ich schon immer jemand, der gerne auf Risiko geht und nicht davor zurückschreckt, Neues auszuprobieren. Ich muss halt nur davon überzeugt sein, damit es auch funktioniert. In der Regel bin ich mit dieser Einstellung meistens gut gefahren und wie sagte Henry Ford noch gleich: „Wer immer das tut, was er schon kann, bleibt immer das, was er schon ist."

Auch meine Geschäftspartner scheuen dieses Risiko nicht und sind Unternehmer, die sehr viel Erfahrung mitbringen.

Grundsätzlich muss ich sagen, dass sich bei mir aus der klassischen „Makler-Kunden-Beziehung" über die letzten Jahre mehrere Freundschaften entwickelt haben. Daraus haben sich wiederum Möglichkeiten für beide Seiten ergeben, gemeinsam Geschäfte abzuwickeln. Eine gute Vertrauensbasis ist dabei natürlich eine Grundvoraussetzung, die beiderseits absolut vorhanden sein sollte, sodass das Business auch funktioniert.

Wie wir ja wissen, ist Vertrauen das A und O, damit eine Zusammenarbeit Früchte trägt.

Das ist wieder ein gutes Beispiel dafür, was sich durch unser Tagesgeschäft alles entwickeln kann, wenn man im Verkauf kompetent auftritt und gewissenhaft, ehrlich sowie authentisch seiner Arbeit nachgeht.

Pflege immer deine Kontakte und beherzige stets, dass ein gutes Netzwerk nur dem schadet, der keins hat!

Ich muss allerdings noch sagen, dass ich nicht ausschließen möchte, mich auch wieder vermehrt dem klassischen Immobiliengeschäft zu widmen und von Neuem nochmal anzugreifen! Bei einem passenden Angebot „schlage" ich vielleicht abermals zu. Wer weiß, was da noch kommt …

Damit sind wir nun am Schluss des Buches angelangt und ich hoffe, dass du für dich Inspirationen mitnehmen konntest, die dich für deine Zukunft im Vertrieb weiterbringen, sodass du noch erfolgreicher wirst und immer mehr Umsatz machst.

Wenn du etwas richtig gut machen willst, dann solltest du dir immer diese eine Frage stellen: Bin ich Unternehmer, oder Unterlasser?

In diesem Sinne, vielen Dank fürs Lesen!

Der Autor

novum VERLAG FÜR NEUAUTOREN

Der Verlag

„Wer aufhört
besser zu werden,
hat aufgehört
gut zu sein!

Basierend auf diesem Motto ist es dem novum Verlag ein Anliegen, neue Manuskripte aufzuspüren, zu veröffentlichen und deren Autoren langfristig zu fördern. Mittlerweile gilt der 1997 gegründete und mehrfach prämierte Verlag als Spezialist für Neuautoren in Deutschland, Österreich und der Schweiz.

Für jedes neue Manuskript wird innerhalb weniger Wochen eine kostenfreie, unverbindliche Lektorats-Prüfung erstellt.

Weitere Informationen zum Verlag und
seinen Büchern finden Sie im Internet unter:

www.novumverlag.com